contents

표지이야기

어린 비버 세 마리가 사이좋게 집을 짓고 있어요. 안경을 쓴 비버가 가리키는 숫자는 튼튼한 집을 짓기 위해 필요한 벽돌의 개수인가 봐요! 과연, 비버 삼남매는 멋진 벽돌집을 지을 수 있을까요? 본책 10쪽에서 방문해 보세요.

10

 이야기로 배우는 여수잼

올리고, 내리고! 비버 삼남매의 벽돌집 짓기

46

피줄 마법학교

날개 달린 신비한 펜

숫자로 보는 뉴스

06

**5000원은 5년, 만 원은 11년
돈, 몇 살까지 사니?**

수학 개념 완전정복!

- **04** 수학 교과 단원맵
- **08** 어수티콘
  반올림
- **18** 수콤달콤 연구소
  어떤 계산도 척척! 받아올림과 받아내림
- **22** 꿀꺽! 생활 속 수학 한 입
  먹어서 더하고, 운동해서 빼고! 칼로리가 궁금해~!
- **50** 수학 궁금증 해결! 출동, 슈퍼M
  신호등 초록불 시간은 어떻게 정해지나요?
- **76** 똥손 수학체험실
  어서 와! 클레이 분식집은 처음이지?
- **80** 옥톡과 달냥의 우주탐험대
  메신저 호와 수성
- **82** 수학 플레이리스트

진짜 재밌는 수학만화

- **26** 놀러와! 도토리 슈퍼
  신기한 보따리장수
- **36** 인공지능 로봇 마이보2
  마요봇, 발사!
- **54** 요리왕 구단지
  맛있는 떡볶이의 비결은?
- **62** 수리국 신한지의 비밀
  막대를 어디에 쓰지?
- **68** 헬로 매스 지옥 선수촌
  경기는 치열하게, 화해는 차분하게
- **84** 우당탕탕 수학 과몰입러
  책의 수를 줄여라!

수학 교과 단원맵

4호 수와 연산 **덧셈과 뺄셈 ❷**

이번 호 <어린이수학동아>가 초등 수학 교과의 어느 단원과 연결되는지 확인해 보세요. 어수동을 재밌게 읽는 동안 수학의 기초가 튼튼해져요!

	1학년		2학년		3학년		4학년		5학년		6학년	
	1학기	2학기	1학기	2학기	1학기	2학기	1학기	2학기	1학기	2학기	1학기	2학기
수와 연산	9까지의 수	100까지의 수	세 자리 수	네 자리 수	덧셈과 뺄셈	곱셈	큰 수	분수의 덧셈과 뺄셈	자연수의 혼합 계산	분수의 곱셈	분수의 나눗셈	분수의 나눗셈
	덧셈과 뺄셈	덧셈과 뺄셈❶	덧셈과 뺄셈	곱셈구구	나눗셈	나눗셈	곱셈과 나눗셈	소수의 덧셈과 뺄셈	약수와 배수	소수의 곱셈	소수의 나눗셈	소수의 나눗셈
	50까지의 수	덧셈과 뺄셈❷	곱셈		곱셈	분수			약분과 통분			
		덧셈과 뺄셈❸			분수와 소수				분수의 덧셈과 뺄셈			
규칙성				규칙 찾기			규칙 찾기		규칙과 대응		비와 비율	비례식과 비례배분
												여러 가지 그래프
도형	여러 가지 모양	여러 가지 모양	여러 가지 도형		평면도형	원	각도	삼각형	다각형의 둘레와 넓이	합동과 대칭	각기둥과 각뿔	공간과 입체
							평면도형의 이동	사각형		직육면체	직육면체의 부피와 겉넓이	원의 넓이
								다각형				원기둥, 원뿔, 구
측정	비교하기	시계 보기와 규칙 찾기	길이 재기	길이 재기	길이와 시간	들이와 무게			수의 범위와 어림하기			
				시각과 시간								
자료와 가능성			분류하기	표와 그래프		자료의 정리	막대 그래프	꺾은선 그래프		평균과 가능성		

교과서랑 같이 봐요!

올리고, 내리고! 비버 삼남매의 벽돌집 짓기

 1-2 덧셈과 뺄셈 ❷
- 10을 만들어 더해 볼까요

1-2 덧셈과 뺄셈 ❸
- 덧셈을 해 볼까요
- 뺄셈을 해 볼까요

 2-1 덧셈과 뺄셈
- 여러 가지 방법으로 덧셈을 해 볼까요

10p

먹어서 더하고, 운동해서 빼고! 칼로리가 궁금해~!

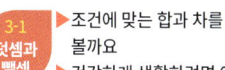

 2-1 덧셈과 뺄셈
- 세 수의 계산을 해 볼까요

3-1 덧셈과 뺄셈
- 조건에 맞는 합과 차를 구해 볼까요
- 건강하게 생활하려면 어떻게 해야 할까요

22p

신호등 초록불 시간은 어떻게 정해지나요?

 2-1 덧셈과 뺄셈
- 덧셈을 해 볼까요

5-1 자연수의 혼합 계산
- 덧셈, 뺄셈, 곱셈이 섞여 있는 식을 계산해 볼까요

50p

어서 와! 클레이 분식집은 처음이지?

 2-1 덧셈과 뺄셈
- 덧셈을 해 볼까요
- 뺄셈을 해 볼까요

5-1 자연수의 혼합 계산
- 덧셈과 뺄셈이 섞여 있는 식을 계산해 볼까요

76p

함께 생각해 봐요!

☑ 18과 3의 합은 구하는 방법에는 여러 가지가 있어요. ①18까지 센 다음 19, 20, 21까지 세는 방법, ②'18+3=21'이라고 계산하는 방법, ③'18+2=20'을 계산한 다음 나머지 1을 더해서 21을 구하는 방법 등이지요. 또 어떤 방법이 있을지 생각해 봐요.

☑ (두 자리 수)+(두 자리 수), (두 자리 수)-(두 자리 수)에서 십의 자리부터 계산한 다음 일의 자리를 계산해 봐요. 일의 자리를 먼저 계산했을 때와 비교해서 이야기해 봐요.

☑ 생활 속에서 무언가를 더하고 빼는 상황을 찾아보세요. 얼마만큼 더하고 뺐는지 덧셈식, 뺄셈식으로 써보세요.

☑ 하루 동안 반드시 사용되는 열량인 '기초대사량'은 운동을 하면 높아질 수 있고, 무리해서 굶으면 낮아지기도 해요. 기초대사량이 달라지면 하루의 총 칼로리를 계산한 값은 어떻게 바뀌는지 알아보세요.

☑ 곱셈과 소수에 대해 아직 배우지 않았더라도 계산기를 이용해 주어진 식을 계산할 수 있어요. 계산기로 더 어려운 식도 풀어보세요. 계산기가 있는데도 우리가 계산하는 법을 배워야 하는 이유는 뭘까요?

☑ 신호등의 빨간불이 켜져 있는 시간은 어떻게 정할까요? 최근에는 빨간불의 남은 시간을 알려주는 신호등도 등장했지요. 이유가 뭔지 인터넷에 검색해 알아보세요.

☑ 덧셈과 뺄셈이 섞여 있는 식에서 순서를 다르게 계산하면 왜 값이 달라지는지 이야기해 봐요.

☑ 덧셈과 뺄셈이 섞여 있는 식에서 순서를 바꿔 계산해도 올바른 값이 나오는 경우도 있어요. '95+75+80+10-80'에서 '80-80'을 먼저 계산한 다음 나머지를 더해도 값은 같지요. 왜 그럴까요?

숫자로 보는 뉴스

글 박건희 기자(wissen@donga.com) 디자인 오진희 사진 GIB, 어린이수학동아

돈, 몇 살까지 사니?
5000원은 5년, 만 원은 11년

돈에도 수명★이 있어요. 한국은행이 2022년 한 해 동안 우리나라에서 사용된 지폐(종이돈)의 수명을 살펴봤더니, 5000원권★의 수명이 가장 짧고 50000원권의 수명이 가장 긴 것으로 나타났어요.

우리나라에서 쓰는 지폐는 1000원권, 5000원권, 10000원권, 50000원권으로 4종류예요. 매년 한국은행에서 만들어진 뒤 여러 사람의 손을 거쳐 사용되다가, 찢어지거나 더러워지면 다시 한국은행으로 돌아가지요. 더이상 사용하지 않고 버리기로 한 지폐는 '수명이 다했다'고 해요. 한국은행은 수명이 다한 지폐들이 언제 처음 만들어졌는지 조사했지요. 모든 지폐에는 각각 다른 번호가 매겨져 있어서 그 번호를 확인하면 언제부터 사용됐는지 알 수 있거든요.

조사 결과, 1000원권은 보통 5년 10개월, 5000원권은 5년 3개월, 10000원권은 11년 3개월, 50000원권은 15년 1개월 동안 사용된 것으로 나타났어요. 금액이 낮은 1000원권, 5000원권은 물건을 살 때나 거스름돈을 줄 때 더 자주 사용되기 때문에, 금액이 높은 10000원권, 50000원권보다 훨씬 빨리 닳은 거예요.

그런데 지폐의 수명은 옛날보다 점점 길어지고 있어요. 사람들이 온라인으로 물건을 사고, 지폐 대신 신용카드나 스마트폰을 이용해 돈을 내는 경우가 많아져 지폐가 천천히 닳기 때문이랍니다.

용어 설명
수명★ 사람, 동물 등 생물이 살아있는 시간을 말해요. 어떤 물건을 사용할 수 있는 기간을 뜻하기도 해요.
권★ 지폐를 뜻해요. 액수를 나타내는 말 뒤에 붙여 써요.

나의 수명은?

#화폐 #수명 #지폐

우리나라 지폐의 수명은?

- 50000원: 15년 1개월 (181개월)
- 10000원: 11년 3개월 (135개월)
- 5000원: 5년 3개월 (63개월)
- 1000원: 5년 10개월 (70개월)

지폐 앞면의 왼쪽 위에 찍혀있는 알파벳과 숫자가 바로 그 지폐의 번호예요.

반올림

반만 올림 했거든!

우린 못 올라가!

0에서 9까지의 숫자 중 반만 무대 위로 올라갔어요. 무대 위의 숫자들은 마음껏 춤을 추고 있는데, 무대 아래의 숫자들은 속상해하고 있네요. 왜 5, 6, 7, 8, 9만 올라갔을까요?

글 어린이수학동아 **일러스트** 밤곰
#수학용어 #수학개념 #이모티콘 #반올림 #올림 #버림

반은 올리고 반은 버려요!

 어수동 숫자 0, 1, 2, 3, 4는 왜 무대 위로 못 올라갔나요?

 0, 1, 2, 3, 4는 '반올림'에서 버려지는 수거든요. 반올림할 때는 구하려는 자리 바로 아래 자리의 수가 5, 6, 7, 8, 9일 때 올리고 0, 1, 2, 3, 4일 때 버려요.

 어수동 수를 올리고, 버린다고요? 어떻게요?

 '올림'은 구하려는 자리의 수에 1을 더하고, 그보다 아래 자리의 수는 모두 0으로 만드는 거예요. 237을 올림해서 백의 자리까지 나타낸다면 백의 자리 수인 2에 1을 더하고, 그 아래 자리의 수는 0으로 만들어 300으로 나타낼 수 있지요. '버림'은 구하려는 자리의 아래 수를 모두 0으로 나타내는 거예요. 237을 십의 자리에서 버림하면 200이에요.

+1 올림
2 3 7 → 3 0 0
　 0 0 버림
2 3 7 → 2 0 0

 어수동 그럼 반올림은 반만 올려서 반올림인 건가요?

 맞아요! 반올림은 구하려는 자리 아래 수가 5보다 작으면 버림하고, 5이거나 그보다 크면 올림하는 거예요. 16을 반올림해서 십의 자리까지 나타내면 20이 되고, 12를 반올림해서 십의 자리까지 나타내면 10이지요.

독자들의 삼행시를 소개합니다!

반 반반치킨 맛있고요.
올 올리브 치킨도 맛있고요. 그런데 내가
림 림(임)자가 아닌 치킨을 뺏어 먹는 게 제일 맛있는 법!

박서연 (icecreamsy10)

반 반올림을 하면 되는 거야.
올 올림 하면 안 돼? 선생
림 림(님)! 올림해서 풀어도 돼요? 올림이 쉬운데…. (반올림 문제라고 써 있음.)

김태은 (tt_eun)

나만의 수학 용어 이모티콘과 3행시를 만들어 주세요!

첫째 언니가 벽돌 묶음 두 줄이 더 필요하다고 해서 난 1번 창고로 갔어. 하지만 한참 고민하다가 빈손으로 돌아왔어. 벽돌 묶음이 한 줄밖에 안 남아 있었거든! 위쪽 선반에는 벽돌 묶음 한 줄이랑 묶이지 않은 벽돌 4개뿐이었어. 아래쪽 선반에도 벽돌 묶음은 없고, 벽돌 8개가 있을 뿐이었지. 언니가 말했어.
"막내야, 그럴 땐 아래쪽 선반에 있는 벽돌 8개 중 6개를 위로 옮기면 돼. 그럼 위쪽 선반에 원래 있던 벽돌 4개와 합쳐서 10개가 되잖아! 벽돌 10개가 모였으니 한 줄로 묶으면 되지. 벽돌 묶음이 하나 더 생겨서 벽돌 묶음은 총 두 줄, 묶지 않고 남은 벽돌은 2개가 돼."

드디어 모든 집 완성! 올려서 묶어주고, 풀어서 빼고! 알고 나니 쉬운걸? 하하, 이제 벽돌을 묶고 푸는 건 자신 있다고!

첫째 언니랑 둘째 오빠가 미소를 지으며 내게 다가왔어. "막내야, 벽돌을 묶기도 하고 풀기도 하는 것처럼 수를 더하거나 빼는 방법을 알면 집 짓는 게 훨씬 쉬워진단다."

덧셈의 여러 가지 방법

10, 20, 30, …과 같은 수 만들기 ❶

$19 + 24 = \underline{19 + 1} + 23$
$\,_{20}$
$ = 20 + 23$
$ = 43$

10, 20, 30, …과 같은 수 만들기 ❷

$19 + 24 = \underline{19 + 21} + 3$
$\,_{40}$
$ = 40 + 3$
$ = 43$

수 가르기

$19 + \boxed{24} = \underline{19 + 20} + 4$
${}_{20과\,4}\,_{39}$
$ = 39 + 4$
$ = 43$

십의 자리끼리, 일의 자리끼리

$19 + 24 = \boxed{10} + \boxed{9} + \boxed{20} + \boxed{4}$
$ = 30 + 13$
$ = 43$

어떤 계산도 척척!
받아올림과 받아내림

덧셈과 뺄셈을 할 때 알아야 할 받아올림과 받아내림! 방법만 알면 자연수는 물론 소수*와 시간도 계산할 수 있지요. 수콤과 달콤이 헷갈리지 않고 받아올림, 받아내림을 잘하는 비법을 개발했대요!

글 어린이수학동아 디자인 오진희 일러스트 허경미

용어 설명

소수* 일의 자리보다 작은 자리의 값을 가진 수예요. 소수 0.3은 분수 $\frac{3}{10}$과 같지요.

받아올림

덧셈을 할 때는 일의 자리에 있는 수부터 시작해서 십의 자리, 백의 자리 순서로 더해 나가면 계산하기가 쉬워요. 만약 일의 자리에서 더한 수가 10이거나 10보다 크면 그중 10만큼을 '십의 자리'로 올려주는데, 이를 '받아올림'이라고 해요.

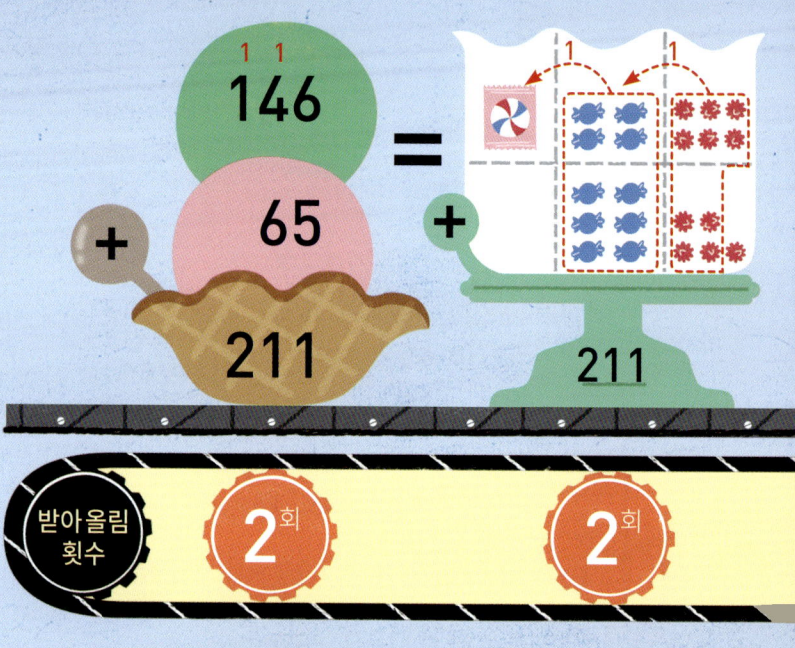

받아내림

뺄셈을 할 때도 덧셈과 마찬가지로 일의 자리부터 십의 자리, 백의 자리 순서로 뺄 수 있어요. 그런데 일의 자리에서 뺄 수 없다면 십의 자리에서 10만큼을 가져와서 계산해요. 이를 '받아내림'이라고 해요.

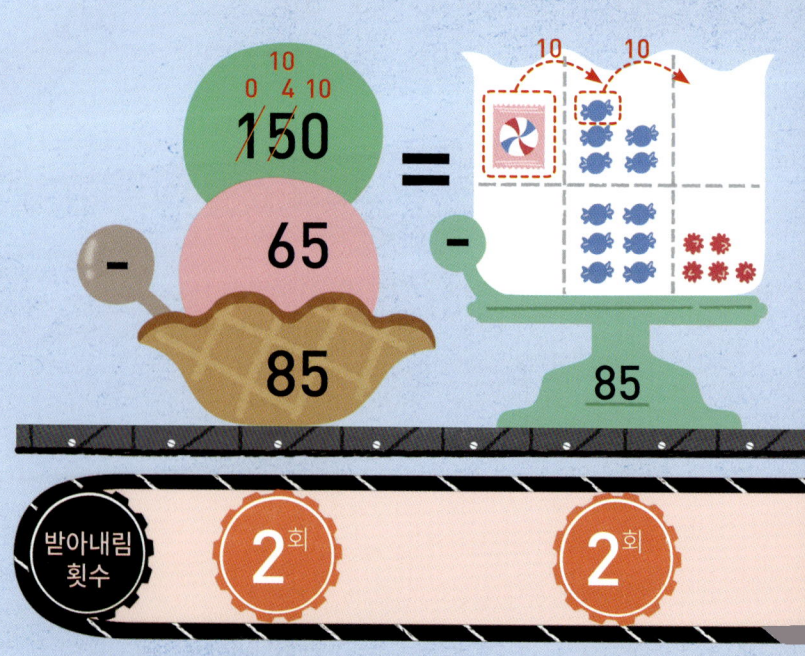

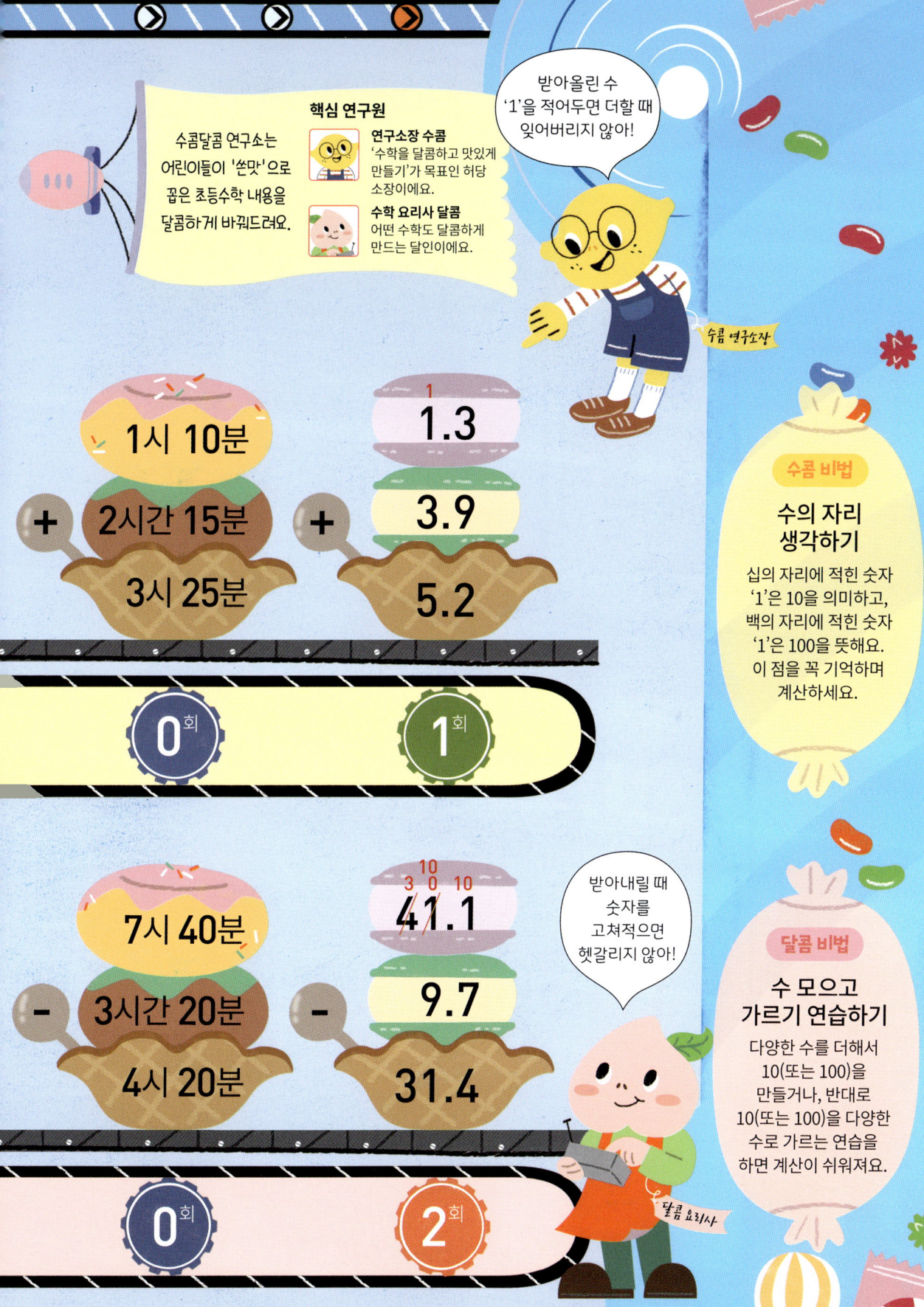

사탕교환소

받아내림이 필요한 뺄셈을 할 때는 각 자리를 의미하는 사탕의 종류를 파악하고 사탕을 교환해야 해요. 그래야 계산이 가능하거든요. 사탕 10알()은 1묶음(🍬), 사탕 10묶음은 사탕 1봉지와 같아요. 따라서 사탕교환소에서는 사탕 1봉지를 가지고 오면 사탕 10묶음, 사탕 1묶음을 가지고 오면 사탕 10알로 바꿔준답니다.

 =

일의 자리에서 뺄 사탕 알이 모자라서 십의 자리에서 사탕 1묶음을 가져오려고 했는데…. 이런, 텅텅 비었어요!

한 자리 더 앞으로 가서 백의 자리에서 사탕 1봉지를 가져와야 해요.

302
−168
?

일의 자리부터 차근차근 뺄셈을 해 봐!

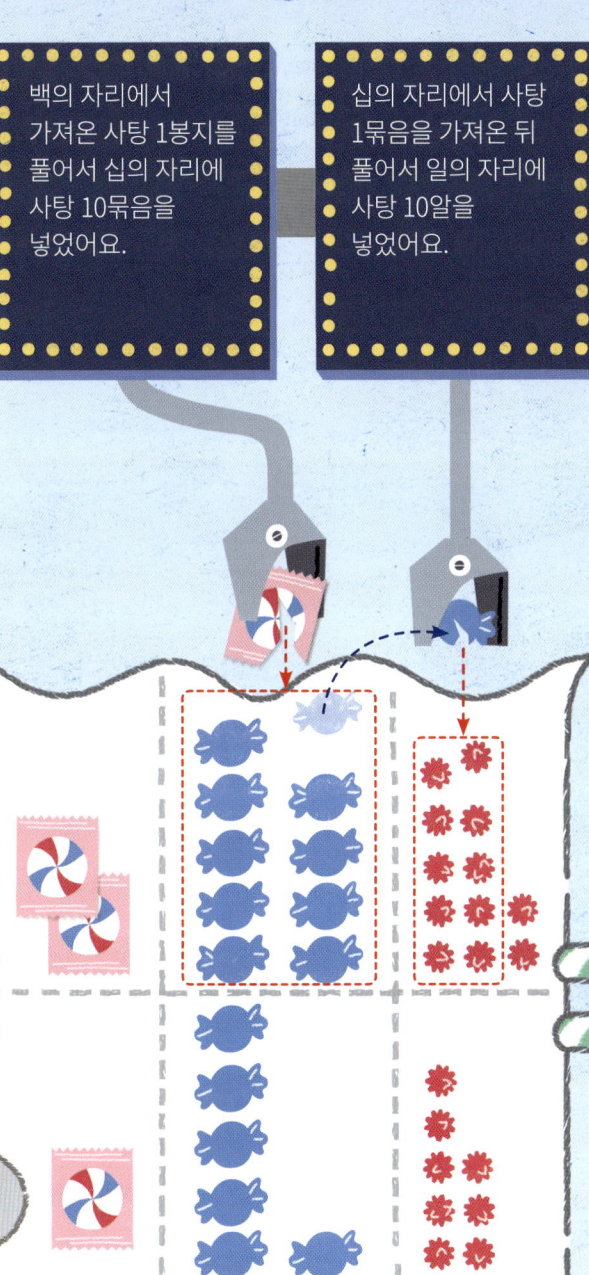

백의 자리에서 가져온 사탕 1봉지를 풀어서 십의 자리에 사탕 10묶음을 넣었어요.

십의 자리에서 사탕 1묶음을 가져온 뒤 풀어서 일의 자리에 사탕 10알을 넣었어요.

수콤달콤 비법

'빨리'보다 '이해하기'가 중요!

받아내림이 두 번 있는 뺄셈을 어려워하는 친구들이 많아요. 이런 경우 10을 모으고 가르는 활동을 통해 수 감각을 기르면 좋아요. 1이 10개 모이면 10이 되고, 10이 10개 모이면 100이 되는 교환의 원리를 천천히 생각하면서 계산해 보세요. 문제를 점점 쉽게 풀 수 있을 거예요. 문제 푸는 데 걸리는 시간보다 원리를 이해하는 게 더 중요하다는 사실, 잊지 마세요!

$$\begin{array}{r} \overset{2}{\cancel{3}}\overset{9}{\cancel{0}}\overset{10}{2} \\ -168 \\ \hline 134 \end{array}$$

원리를 정확히 이해한 다음 여러 가지 덧셈과 뺄셈을 해보면 어떤 계산도 잘할 수 있게 돼!

먹어서 더하고, 운동해서 빼고!
칼로리가 궁금해~!

692kcal

먹어 +

햄버거 소화시키려면 1시간 20분 동안 줄넘기!

운동해서 −

기름이 주르륵 흐르는 짭짤한 고기, 고소한 치즈, 아삭한 채소…, 이 모든 걸 푹신한 빵 사이에 끼워 한입에 앙~. 그런데 여러분, 그거 아세요? 우리 몸이 햄버거를 완전히 소화하려면 1시간 20분 동안 쉼 없이 줄넘기 해야 한대요. 햄버거의 높은 '칼로리' 때문이죠. 아니, 칼로리가 대체 뭐기에?!

글 박건희 기자(wissen@donga.com) 디자인 오진희 사진 GIB
참고자료 보건복지부·한국영양학회 '2020 한국인 영양소 섭취기준 활용 연구, 2021', 부산지방식품의약품안전청 '아동·청소년 비만관리 영양 레터', 식품의약품안전처 '식품안전나라 생애주기별 정보'
#칼로리 #킬로칼로리 #영양 #덧셈 #뺄셈

하루 종일 아무것도 먹지 않은 채 학교에 가고, 친구와 놀러 간다고 생각해 보세요. 아마 금방 지쳐버릴 거예요. 신나게 놀기엔 에너지가 부족하거든요.

우리 몸이 건강하게 활동하려면 에너지가 필요해요. 에너지를 얻으려면 음식을 먹어야 하지요. 그중에서도 가장 중요한 영양소인 탄수화물, 지방, 단백질을 골고루 섭취해야 하고요. 그렇다면 하루에 얼마만큼의 음식을 먹어야 하루를 건강하게 보낼 수 있는 걸까요?

몸속에 얼마만큼의 에너지가 있는지 나타내는 양을 '열량'이라고 해요. 우리 몸은 열량을 사용해 몸을 따뜻하게 유지하고, 음식을 소화하고, 운동하지요. 열량은 'cal(칼로리)'라는 단위를 사용해 나타내요. 특히, 음식을 먹어서 얻는 열량엔 'kcal(킬로칼로리)'라는 단위를 사용해요. 1kcal는 1000cal와 같아요.

우리가 좋아하는 음식은 몇 칼로리?

음식 종류	kcal
김치볶음밥 1인분(300g)	446
라면 1봉지	450~680
불고기와퍼 1개	692
감자튀김 1인분(100g)	306
홈런볼 1봉지	276
환타 오렌지 1캔	68
방울토마토 1개	2

더 많은 식품의 칼로리가 궁금하다면, QR코드를 찍어 확인해 보세요!

내가 오늘 먹은 음식의 칼로리를 모두 더하면 총 칼로리가 돼요. 예를 들어 아침에 김치볶음밥을 먹고 점심엔 불고기와퍼 1개와 감자튀김 1인분을 먹었다면 446kcal+692kcal+306kcal를 계산한 값, 총 1444kcal만큼 섭취한 거예요. 이 열량이 많은 건지, 적은 건지 궁금하다고요? 지금부터 알려줄게요.

어떤 음식의 열량이 몇 kcal인지는 식품 뒷면의 영양정보를 보면 알 수 있어요.

맛있게 먹고, 재밌게 운동해!

음식을 너무 많이 먹으면 살이 찌지요. 우리가 먹은 열량이 몸이 필요로 하는 양보다 많으면 에너지로 사용되지 못한 채 몸속에 쌓이거든요. 그렇다면 우리 몸이 활동하기 위해 필요한 열량은 얼마만큼일까요?

보건복지부 자료에 따르면, 우리나라 9세~11세 어린이에게 하루에 필요한 열량은 남자 2100kcal, 여자는 1800kcal예요. 사람마다 키, 몸무게, 활동량이 다르므로 조금씩 차이가 있지요. 하루 필요 열량이 2100kcal인 9세 남자 어린이가 오늘 2200kcal를 먹었다면, 필요한 열량보다 100kcal 더 많이 먹은 거예요. 반대로 1444kcal만큼 먹었다면 656kcal만큼 적게 먹은 거랍니다.

오늘 너무 많이 먹은 것 같다고요? 걱정마세요. 우리는 운동을 통해 열량을 쓰기도 하니까요. 달리기, 줄넘기 등 땀이 나는 활동을 하면 그만큼 에너지가 쓰이지요. 사람마다 조금씩 다르지만, 어떤 운동을 몇 분 동안 했을 때 보통 몇 칼로리가 사용되는지 조사한 자료를 참고해도 좋아요.

이 운동엔 몇 칼로리가 쓰일까?	
운동 종류	kcal
느리게 걷기 30분	100
자전거 20분	100
줄넘기 14분	135
축구 45분	295
배드민턴 48분	400

출처:식품의약품안전처, 2014

오늘 나의 칼로리는?

오늘 하루 나의 총 열량을 기록해 볼까요? 오늘 먹은 음식의 열량을 모두 더하고, 운동으로 사용한 열량을 빼면 되지요. 참, 생명을 유지하는 데 꼭 필요한 기초대사량*을 함께 계산하는 것도 잊지 마세요. 아래 표에 나의 하루 칼로리를 기록해 보세요.

(이름) _____ 의 칼로리 기록 (2023년 __ 월 __ 일)

나이	기초대사량(kcal)
세	(예시) 1156kcal

먹은 음식	열량(kcal)
(예시) 아침(쌀밥, 미역국)	(예시) 313(쌀밥)+55(미역국)=368
(예시) 점심(콤비네이션 피자 2조각)	(예시) 486
(예시) 간식(콜라 1잔)	(예시) 88
(예시) 저녁(쌀밥, 갈비찜)	(예시) 313(쌀밥)+374(돼지갈비찜 1접시)=687
먹은 열량의 합	(예시) 368+486+88+687= 1629

운동	열량(kcal)
(예시) 자전거 40분	(예시) 200
기초대사량+운동한 열량	(예시) 1156+200=1356
먹은 열량의 합 − (기초대사량 + 운동한 열량) =오늘의 총 열량	(예시) 1629-1356=273

용어 설명

기초대사량★ 사람이 살기 위해 필요한 가장 기본적인 에너지예요. 심장을 뛰게 하고, 숨을 쉬게 하고, 몸을 따뜻하게 하는 등 하루 동안 반드시 쓰이는 열량이지요. 기초대사량은 키, 몸무게, 나이, 성별에 따라 달라요. 보통 9~11세 어린이의 기초대사량은 1180~1290kcal이지요.

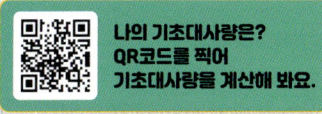

나의 기초대사량은? QR코드를 찍어 기초대사량을 계산해 봐요.

보따리장수가 '방문판매'하러 왔대요~!

방문판매는 가게가 아닌 곳에서 물건을 파는 걸 말해요. 고객이 있는 곳에 상인이 직접 찾아가 화장품, 건강식품, 어린이 학습지 등을 판매하지요. 지금처럼 온라인 쇼핑이 활발하지 않았을 때는 방문판매원으로부터 물건을 사는 사람들이 많았어요. 한 조사기관에 따르면, 2003년엔 전체 화장품 판매 중에서 방문판매로 물건을 판 경우가 가장 많았어요. 그런데 점차 상점에 가서 직접 물건을 사거나 온라인 쇼핑을 즐기는 사람이 늘면서 방문판매량이 점점 줄었지요.

소노수정 작가 | 제주도에서 다육식물과 함께 살고있는 소노수정입니다. 마음꽃에서 '황당교실'을 연재중이며, 지은 만화책으로는 <마인드스쿨14-채소는 정말 싫어!>, 다육식물만화 <다육해줘>가 있어요!

IT 대기업 고글이 슈퍼마켓을 낸다고? 팝업 스토어는 또 뭐야?

박탈★ 남의 권리나 자격을 빼앗는 것을 말해요.

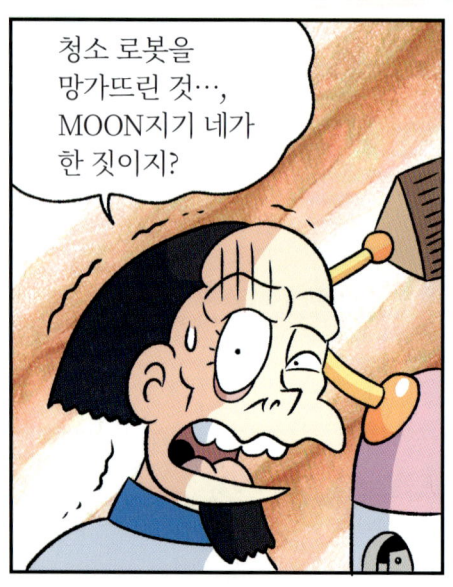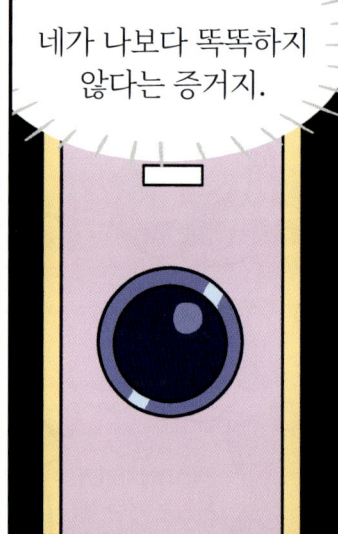

해킹★ 남의 컴퓨터 시스템에 침입해서 정보를 빼내거나 프로그램을 파괴하는 것을 말해요.

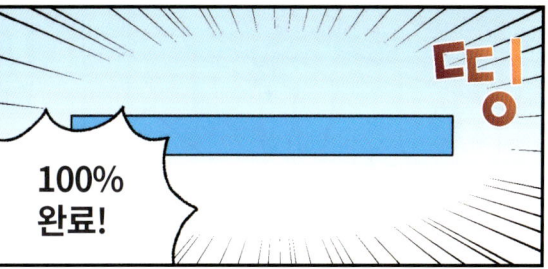

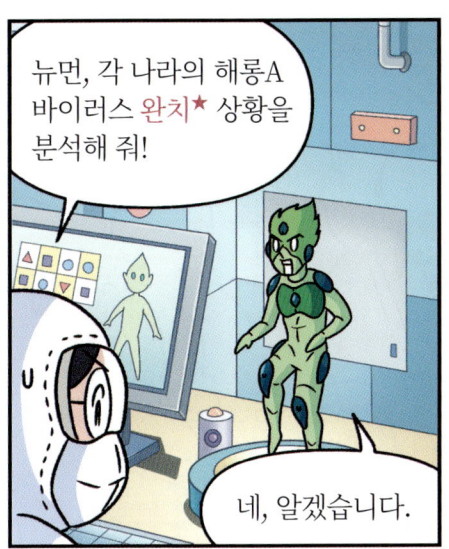

정확하게 판단한다!

최근에는 인공지능이 환자들의 질병을 정확하게 판단하고 있어요. 인공지능과 의사 5명이 환자의 뼈 엑스레이 사진을 보고 뼈가 부러졌는지를 진단한 결과, 의사들이 내린 진단의 정확도는 75.5%였지만, 인공지능의 정확도는 92%로 더 높았지요. 인공지능이 검사 결과를 정확하게 판단할 수 있게 되면, 의사가 부족한 시골 등에서 인공지능이 의사의 역할을 대신할 수 있을 것으로 기대돼요.

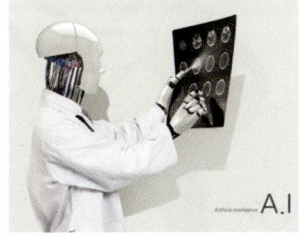

GIB

완치★ 병을 완전히 낫게 하는 것을 말해요.
변이★ 같은 종의 생물에서 모양이나 성질이 다른 특성이 나타나는 것을 말해요.

악당아, 기다려라! 마요봇이 간다!

그림마다 한 개씩 숨어있는 숫자도 찾아봐!

영수증

<마법의 정석>	………	9 아우룸
<마법의 역사>	………	9 아우룸
<신기한 물건 사전>	………	9 아우룸
망토	………	15 아우룸
셔츠	………	10 아우룸
신발	………	7 아우룸
할인	………	☐ 아우룸
합계	………	☐ 아우룸

손님이 산 물건의 총 가격은?

"루스, 손님이야!"

날개 달린 신기한 펜을 들여다볼 시간도 없이 다른 손님이 왔어. 커다란 모자로 얼굴을 반쯤 가린 마법사는 책 3권과 옷 2벌 그리고 신발 1켤레를 집어 들었어. 그리고 계산해야 하는 총 가격을 영수증에 적어 달라고 했지.

영수증의 빈칸을 모두 채워라. 단, 책은 두 권을 사면 한 권을 무료로 주는 2+1 행사 중이다.

사라진 펜은 어디에?

손님에게 물건을 건네고 돌아보니 펜이 없어졌어. 날개가 달렸으니, 혼자 움직일 수 있는 걸까? 부스는 솔이에게 맡기고 펜을 찾으러 나왔어. 북적북적한 나눔 장터 안에서 조그만 물건을 찾기는 쉽지 않았지. 노란색 몸통에, 날개가 있는 신기한 펜을 찾아야 해!

퍼즐 날아간 펜은 나눔 장터 안에 있다. 펜을 찾아라!

"찾았다!"

펜은 우리 부스에서 멀리 떨어지지 않은 곳에 있었어. 나를 보면 도망갈 줄 알았는데, 기다렸다는 듯이 나를 반겼지.

"겨우 10초 나는 데 기력을 다 써버렸군. 네가 나를 깨웠으니 당분간 네 옆에 붙어 있는 게 좋겠어."

"제가 당신을 깨웠다고요?"

"그래, 어떤 마법사가 나를 펜 안에 가뒀어. 나를 자신의 마법 동물로 만들려다가 실패했거든. 정신을 잃었는데, 깨보니 네 앞이었지. 이 자그마한 펜 속에 나를 가두다니, 얼마나 답답한지 몰라."

"그럼 당신은 누구인가요?"

"난 하늘색 날개를 가진 유니콘이야. 유니콘 마을에 살아. 우리 마을은 '바이올렛'이라는 이름의 무지갯빛 날개를 가진 유니콘이 다스리지. 바이올렛만이 내 봉인을 풀 수 있어. 내가 바이올렛을 만날 때까지 옆에 있어 줘…."

무지갯빛 날개를 가진 유니콘이라면, 내가 전에 도와준 유니콘을 말하는 걸까? 도와준 대가로 유니콘에게 받은 '눈물이 담긴 병'이 주머니에 있을 텐데…. 여기 있다!

"제가 지금 바이올렛을 부를 수 있어요."

나는 유니콘의 눈물을 마법 지팡이에 적셨어. 지팡이를 가볍게 휘두르며 주문을 외웠지.

"바이올렛!"

무지갯빛 날개를 가진 유니콘이 정말 나타날까? 5호에서 계속

놀이북 8쪽, 25쪽과 함께 보세요!

출동, 슈퍼M 수학 궁금증 해결!

신호등 초록불 시간은 어떻게 정해지나요?

횡단보도를 건널 땐 초록색 신호를 확인하고 건너야 하지요. 그런데 가끔 신호등의 남은 시간을 알려주는 숫자나 화살표가 점점 줄어들고 있을 땐 고민이 돼요. 지금 건너도 괜찮을지, 다 건너기도 전에 빨간불로 바뀌지는 않을지 걱정이거든요. 신호등의 초록불이 켜져 있는 시간은 어떻게 정한 걸까요?

글 장경아 객원기자 진행 최송이 기자(song1114@donga.com) 디자인 김은지 일러스트 김태형 사진 GIB
#슈퍼M #생활수학 #덧셈 #나눗셈 #신호등 #계산

신호등 색깔은 왜 빨강, 노랑, 초록일까?

신호등은 1800년대 초반 기차가 생기면서 처음 만들어졌어요. 그때 당시에는 빨간색 신호등이 '정지하라'는 의미를, 초록색 신호등이 '곧 신호가 바뀌니 주의하라'는 의미를, 흰색 신호등이 '통과하라'는 의미를 나타냈어요. 그런데 1900년대 초반 한 기관사가 빨간색 신호등의 유리가 깨진 것을 보고 흰색으로 착각해 앞에 있던 기차와 충돌하고 말았어요. 이 사고 이후 '통과해도 된다'는 의미의 흰색 신호등을 초록색으로 바꾸고, '주의해야 한다'는 의미의 신호등을 초록색에서 노란색 신호등으로 바꿨지요.

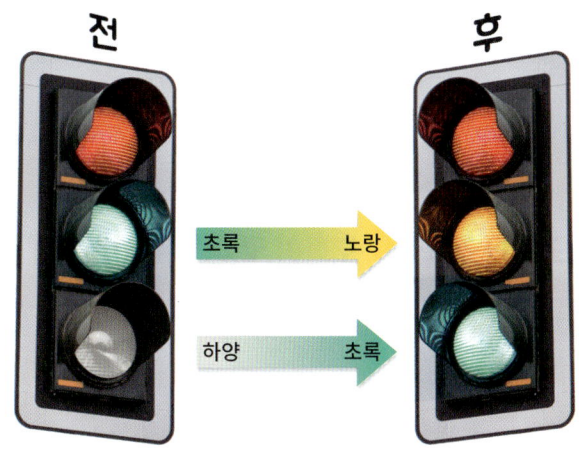

빨강, 초록, 하양이던 신호등 색깔은
1900년대에 빨강, 노랑, 초록으로 바뀌었어요.

빨간색은 어두운 곳이나 먼 곳에서도 눈에 잘 띄기 때문에 신호등에서 정지를 뜻하는 색깔로 쓰였어요. 통과를 의미하는 신호에는 빨간색과 '보색'인 초록색이 사용됐지요. 보색이란 나란히 있을 때 가장 강렬하고 선명하게 대비*되어 보이는 색깔의 관계를 말해요. 빨간색과 초록색은 보색이기 때문에 운전자들은 빨간색 신호에서 초록색 신호로 바뀌는 것을 잘 알아챌 수 있지요.

용어 설명

대비* 성질이 서로 다른 것의 차이가 더 크게 보이는 것을 말해요.

10, 9, 8, 7, 6, 5, 4, 3, 2, 1

신호등 시간, 어떻게 계산할까?

신호등에 초록불이 켜지고 나면 초록색으로 표시하는 숫자나 화살표가 점점 줄어드는 걸 볼 수 있어요. 신호등이 다시 빨간색으로 바뀌기 전까지 남은 시간을 나타내지요. 이 시간은 어떻게 계산하는지, 슈퍼M이 알려줄게요.

횡단보도에서 초록색 신호등의 시간은 보행자*의 걸음 빠르기를 고려해서 정해요. 대부분의 사람이 1초에 1m(미터)* 정도를 걸을 수 있다고 생각해 계산하지요. 만약 16m 길이의 횡단보도를 건넌다면 16초가 걸린다고 생각하는 셈이에요. 단, 16m 횡단보도의 초록색 신호등 시간을 16초로 딱 맞게 정하지는 않아요. 신호등 색이 바뀌었다는 사실을 바로 발견하지 못한 사람을 위해 여유 시간을 7초 정도 더해서 계산하거든요. 그래서 횡단보도에서 초록색 신호등이 켜져 있는 시간은 '횡단보도의 길이(m)+7초'로 계산한답니다.

횡단보도에서 초록색 신호등이 켜져 있는 시간
= 횡단보도의 길이(m) + 7(초)

예시 횡단보도 16m   16초 + 7초 = 23초
            1초에 1m   여유 시간

용어 설명

보행자* 도로를 걷는 사람을 말해요.
m(미터)* 길이를 나타내는 단위예요. 1m는 100cm이지요.

노약자나 어린이 보호구역에서는 초록색 신호등의 시간을 조금 다르게 계산해요. 노약자나 어린이는 일반 성인보다 걸음걸이가 느리기 때문에 1초에 0.8m(80cm) 정도를 걷는 것으로 생각하지요. 예를 들어 16m인 횡단보도를 건넌다면, 16÷0.8은 20이니까 20초가 걸린다고 계산하는 거예요. 여기에 여유 시간 7초를 더하면 27초가 돼요. 즉, 노약자나 어린이가 많은 지역에서 길이가 16m인 횡단보도의 초록색 신호등은 27초 동안 켜져 있는 거예요.

하지만, 신호등 시간을 계산하는 방법은 모든 횡단보도에 똑같이 적용되지는 않아요. 주위에 있는 도로나 교통 상황에 따라 시간을 조절할 수도 있지요.

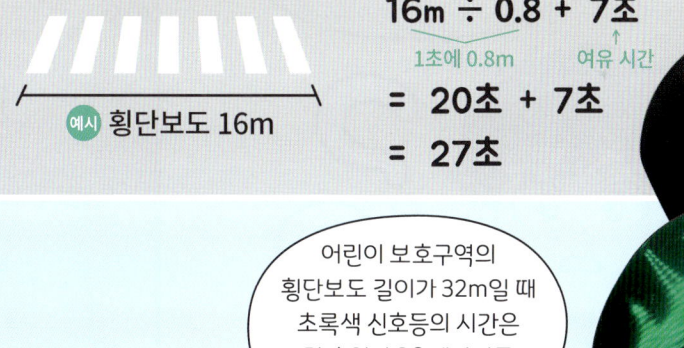

※ 생활 속 해결하고 싶은 수학 궁금증이 있다면 슈퍼M에게 메일을 보내주세요. asksuperm@gmail.com로 신청자의 이름, 연락처와 함께 사연을 보내면 됩니다. 사연이 채택된 신청자에게는 소정의 선물을 드려요!

요리왕 구단지

- 맛있는 떡볶이의 비결은? -

글·그림 주로 콘텐츠 어린이수학동아

이상하다…. 맛있어 보이는데 왜 맛이 없지?

분식집에서 먹은 떡볶이랑 비슷하게 생겼는데….

그러고 보니 그 떡볶이 정말 맛있었지.

츄릅

단지
노는 게 가장 좋은 초등학생. 원하는 게임기를 사기 위해 요리 대회에 도전한다.

은비
단지의 친한 친구. 다정한 성격이며 요리를 잘한다.

도윤
단지의 친한 친구. 장난기가 많지만 늘 단지의 편인 든든한 친구다.

계량* 양이나 무게를 헤아리는 거예요.

여기서 문제! 떡을 230g 넣었는데 90g 더 넣을 거야. 그럼 떡볶이에 들어가는 떡은 총 몇 g일까?

$230 + 90$
$= (200+30) + 90$
$= 200 + (30+90)$
$= 200 + 120$
$= 320$

총 320g이네요!

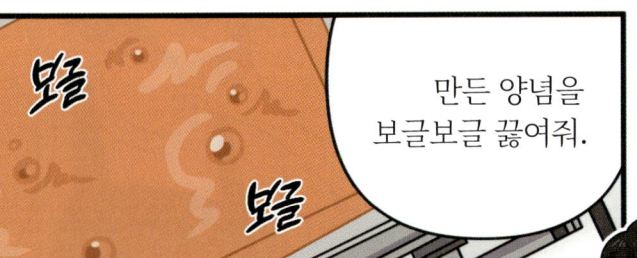

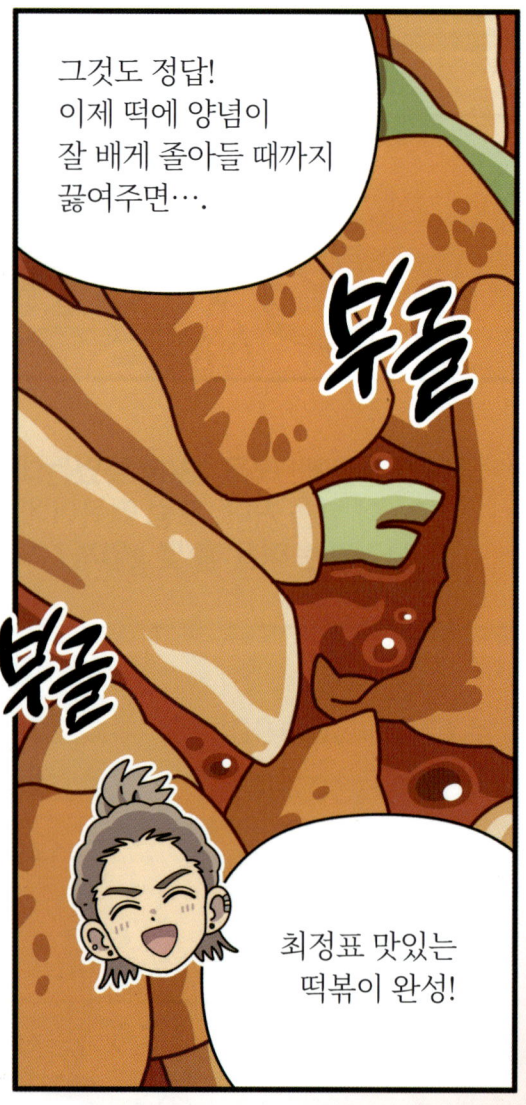

이은섭 작가 — 스파이더맨을 좋아하던 저는 상상 속의 친구와 노는 것을 좋아했습니다. 이제는 저도 누군가에게 상상의 친구가 되길 꿈꿉니다.

산가지 계산법

산가지는 옛날 사람들이 셈을 할 때 사용한 막대로, 나무나 금속으로 만들어졌어요. 산가지를 가로나 세로로 놓아서 어떤 숫자든 나타낼 수 있었지요. 막대를 세로로 1개 놓으면 1, 2개 놓으면 2, 막대를 가로로 1개, 세로로 1개 놓으면 6이 되는 식이에요. 0은 자리를 비워서 나타냈지요.

산가지로 숫자를 표현하는 방법

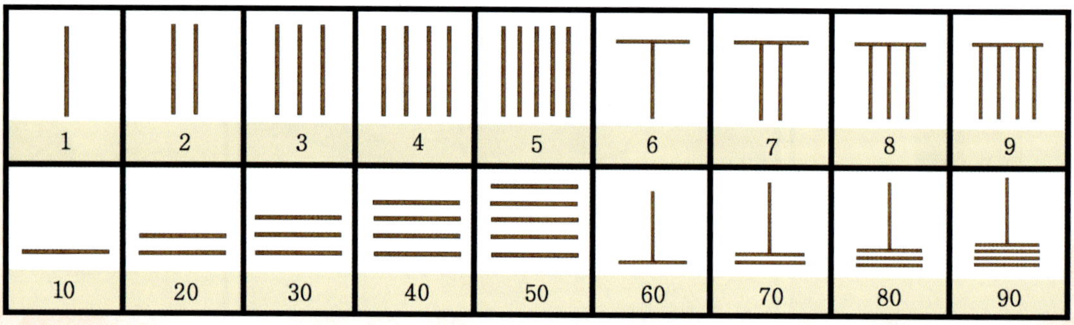

1	2	3	4	5	6	7	8	9
10	20	30	40	50	60	70	80	90

달래가 장에 가서 사과 27개와 감 32개를 샀단다. 그럼 장에서 산 과일은 모두 몇 개일까?

임금님이 주신 선물은 바로 황금 산가지였어!

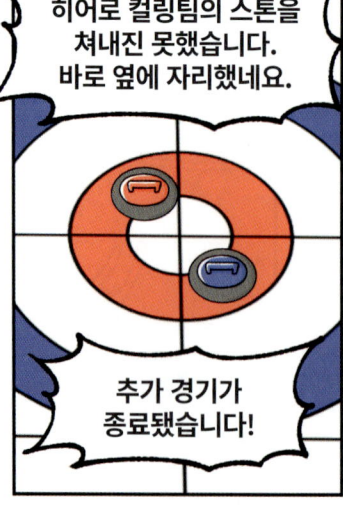

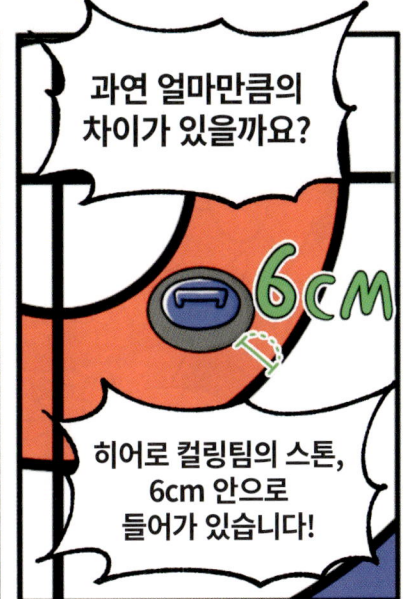

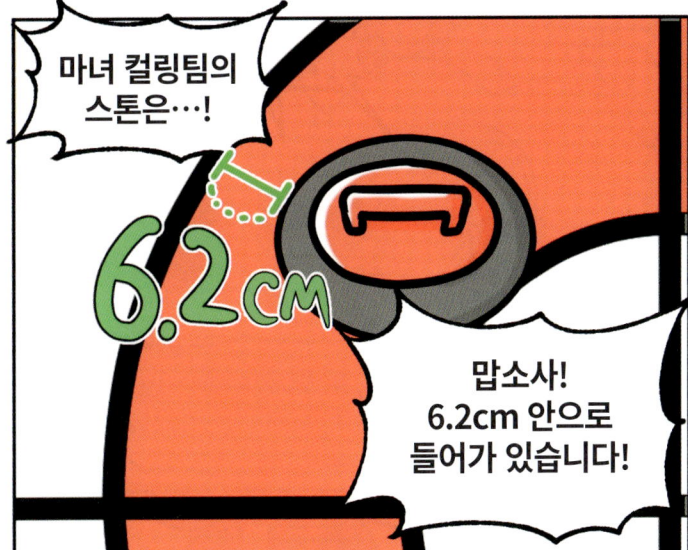

 하성호 작가 — 제주도에서 만화를 그리며 가끔 강의도 하고 있습니다. 좋아하는 것은 운동과 캠핑입니다.

가족 싸움은 칼로 물 베기! 천계 올림픽에서의 컬링 경기도 무척 기대되는걸!

똥손 맛 분식

어서 와! 클레이 분식집은 처음이지?

'가래떡+소시지'. 똥손 기자가 만든 클레이 꼬치예요. 잠깐, 다시 생각해 보니 소시지는 빼고, 치즈를 넣고 싶어요. 소시지는 빼고 치즈를 더하면…, '가래떡-소시지+치즈'!

글 박건희 기자(wissen@donga.com) **디자인** 김은지
#수학체험실 #덧셈 #뺄셈 #혼합_계산

> 맛은 똥맛이 아니란다~!

← 소시지 꼬치
← 양념 꼬치

더하고 빼니까 더 맛있어!

똥손 기자가 클레이 분식집을 열었어요! 좋아하는 재료는 모두 더하고, 좋아하지 않는 재료는 빼서 내 맘에 쏙 드는 꼬치를 살 수 있죠. 하지만 각 재료의 가격을 잘 계산해야 해요. 재료를 꼬치에 더하고 뺄 때마다 가격이 달라지거든요. 꼬치의 가격은 재료의 가격을 모두 더한 값이랍니다.

가래떡 10원 · 소시지 80원 · 치즈 95원 · 토마토 75원

왼쪽부터 치즈, 토마토, 소시지, 가래떡을 꽂았어요. 꼬치의 가격은 95원+75원+80원+10원, 즉 260원이 되겠네요. 이 꼬치에서 소시지를 뺀다면 어떨까요? 위 덧셈식에서 다시 80원을 빼면 되니까, 95+75+80+10-80을 계산해 봐요. 답은 180원이지요.

덧셈과 뺄셈이 섞인 계산을 할 때는 앞에서부터 순서대로 계산해요. 그렇지 않으면 전혀 다른 결괏값이 나오기도 하지요. 예를 들어, 95-10+70의 답은 155예요. 그런데 10+70을 먼저 계산한 뒤 95에서 빼면 그 결과는 15여서 틀린 값이 되지요. 자, 그럼 우리도 계산 잘하는 사장님이 되어 클레이 분식집을 열어 볼까요?

나의 클레이 꼬치 분식집

난이도 : 금손(중) | **걸리는 시간 1시간 30분** | **DS스토어**

레인보우 클레이 살펴보기!

내가 좋아하는 음식을 더하고 더해 나만의 꼬치를 만들어요.
만든 꼬치마다 가격을 매겨 봐요.

준비물

다양한 색깔의 클레이

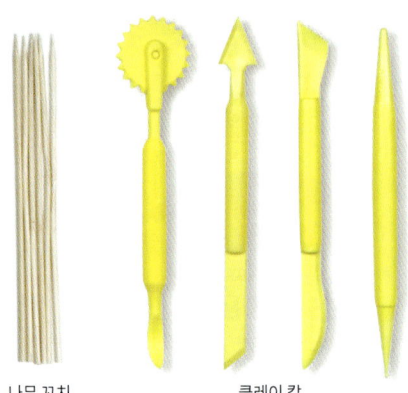

나무 꼬치   클레이 칼

소시지 1

클레이를 둥글게 뭉쳐 소시지의 몸통을 만들어요. 클레이 칼로 칼집을 내요.

소시지 2

↙ 진한 갈색

↖ 연한 갈색

갈색 클레이를 얇게 두 줄을 만든 뒤, 두 줄이 서로 교차하도록 꼬아요.

소시지 3

2개

2에서 만든 꼭지 두 개를 소시지 몸통 양쪽에 붙이면 완성!

토마토 1

빨간색 클레이를 둥글게 뭉친 뒤, 클레이 칼로 작게 구멍을 내요.

토마토 2

초록색 클레이를 떼어 작은 잎사귀 5개와 꼭지 1개를 만든 뒤, **1**에서 만든 구멍에 붙여요.

잎 5개 토마토 꼭지

치즈

노란색 클레이를 도톰한 세모 모양으로 빚은 뒤, 클레이 칼로 동그란 구멍을 여러 개 내요.

가래떡

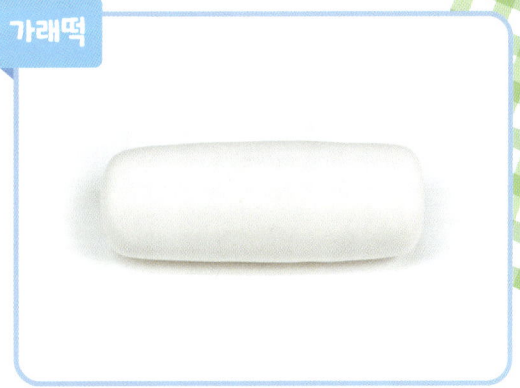

하얀색 클레이를 뭉쳐 길게 늘어뜨린 뒤 조각내요.

꼬치가 날카로울 수 있으니 조심!

클레이가 잘 마르도록 기다린 뒤, 나무 꼬치에 끼우면 완성!

친구들과 분식집 놀이를 해 봐요!

옥톡과 달냥의 우주 탐험대

글 김준수 (과학동아천문대)
진행 박건희 기자(wissen@donga.com)
디자인 오진희 일러스트 김태형, GIB 사진 NASA
#메신저_호 #수성

안녕? 우린 우주인이 되기 위해 특수훈련을 마친 옥톡과 달냥이야. 어느 날, 우주 저 멀리에 있는 외계인으로부터 신호가 왔어. 당장 그들을 만나러 갈 거야! 우린 우주를 떠돌아다니는 여러 탐사선에서 부품을 모아 우주에서 최고로 멋진 우주선을 만들기로 했어. 이번엔 네 번째 탐사선을 만나 볼까?

메신저 호의 자력계 획득!
자력계는 자기장*을 측정하는 기계예요. 메신저 호는 자력계를 이용해 수성의 자기장이 얼마나 센지, 태양이 보내는 바람(태양풍)은 얼마나 센지 쟀지요.

용어 설명
자기장* 물체를 끌어당기거나 미는 힘인 자기력이 있는 공간을 말해요.
km/h* 속도를 나타내는 단위예요. 1시간에 몇 km(킬로미터)를 움직이는지 뜻해요.
크레이터* 천체의 겉면에 보이는 옴폭 파인 큰 구덩이예요. 화산 활동이나 운석의 충돌로 인해 생겨요.

메신저 호

미국항공우주국(NASA)에서 쏘아 올린 **수성 탐사선**이에요. **2004년**부터 수성 주변을 돌며 연구했지요. 덕분에 수성의 북극에 **얼음이 존재**한다는 사실이 밝혀졌어요. 2015년 4월, 연료가 떨어진 메신저 호는 수성의 표면으로 떨어졌어요. 마지막 순간까지도 사진을 찍어 지구로 보냈지요. 수성엔 메신저 호가 충돌하며 만들어낸 크레이터*가 있답니다.

우주선 에너지 충전 미션

수성의 북극에는 얼음이 있지만 공기는 거의 없어요. 수성에도 생명체가 살까요? 만약 산다면 어떤 모습일까요? 마음껏 상상해 그려보세요. 플레이콘에 올려준 독자 2명에게 과학동아 천문대 입장권을 드려요.

수성

태양계 행성 중 태양과 가장 가까운 수성! 태양 주변을 **공전***하는 속도가 **가장 빨라요**. **1초** 동안 태양의 둘레를 **47km**만큼 돌지요. 1초에 13km를 도는 목성, 29km를 도는 지구에 비해 매우 빨라요. 또, 수성은 크레이터로 뒤덮여 있어 울퉁불퉁해요. 우주에서 날아오는 **운석***을 막아 줄 공기가 거의 없거든요.

용어 설명

공전* 한 천체가 다른 천체의 주변을 일정한 간격으로 되풀이해서 도는 것을 말해요.
운석* 우주에서 빛을 내며 떨어지는 작은 천체예요.

수플리 — 수학 플레이리스트

담당 조현영 기자
(4everyoung@donga.com)

보드게임

1. 한 사람당 레이어스 카드 5장, 개인 카드 1장을 나눠 가져요. 총 6장이 한 세트예요. 레이어스 카드는 앞면과 뒷면의 무늬가 달라요.

2. 네 종류의 미션 카드를 잘 섞어요. 미션 카드의 숫자는 미션을 해결하기 위해 필요한 레이어스 카드의 개수예요.

3. 인원수만큼 점수 토큰을 준비해요. 두 명이면 3, 4점, 세 명이면 2, 3, 4점을 써요. 순서를 정해 미션 카드를 뒤집어요.

레이어스 플러스
행복한바오밥
happybaobab.com
28,000원
이용 연령 | 8세 이상
참여 인원 | 1~4명

※자세한 규칙은 제품에 들어 있는 설명서를 참고하세요.

6. 만약 일치하지 않는다면, 내가 가져온 토큰을 반납해요. 총 6번 게임해서 점수의 합이 가장 높은 사람이 이겨요.

5. 모두가 만들기를 완료하면, 내가 만든 무늬가 미션 카드와 정확히 일치하는지 확인해요. 일치한다면 내가 가져온 토큰을 그대로 얻을 수 있어요.

4. 미션 카드의 무늬를 보고 내가 가진 레이어스 카드를 개인 카드 위에 얹어서 똑같은 무늬를 만들어요. 완성한 카드는 뒤집어 놓고, 높은 점수 토큰을 가져와요.

➕ 놀면서 배우자!

- ➕ 도형을 잘 이해할 수 있어요. 미션 카드와 똑같은 무늬를 만들기 위해 어떤 카드를 어느 위치에 두어야 할지, 여러 장을 합쳤을 때 어떤 새로운 모양이 나올지 고민해야 해요.
- ➕ 추리력을 기를 수 있어요. 레이어스 카드의 앞면, 뒷면에 각각 어떤 모양이 있는지 잘 생각하며 카드를 겹쳤을 때 나오는 무늬의 가짓수를 헤아려요.

 **영상**

유튜브 캡처

염소 눈동자는 왜 직사각형일까?

동물은 저마다 다른 모양의 눈을 가지고 있어요. 사람의 눈동자는 동그랗고, 고양이의 눈동자는 빛을 받으면 세로로 쭉 찢어지고, 카멜레온의 눈은 바깥으로 톡 튀어나와 360° 회전을 하기도 하지요. 그중에서도 가장 개성 넘치는 건 염소의 직사각형 눈동자! 염소는 어쩌다 이런 눈을 가지게 됐을지, 영상에서 그 비밀을 확인해 보세요!

책

황당하지만 수학입니다 3 : 어디가 제일 간지럽게?

남호영 글 | 미늉킴 그림 | 와이즈만북스
13,000원

주인공인 '나'는 호기심이 넘치지만, 수학에 대해서는 잘 몰라요. 그런 나를 위해 수학 덕후 '파이쌤'은 생활 속의 수학을 재미있는 이야기로 풀어서 들려주지요. 우리 몸에서 가장 간지럼을 잘 타는 부위는 어디인지, 고양이의 야옹 소리에 숨은 뜻은 어떻게 찾아내는지, 파이쌤의 황당하고 흥미진진한 설명과 함께 알아 봐요!

 **책**

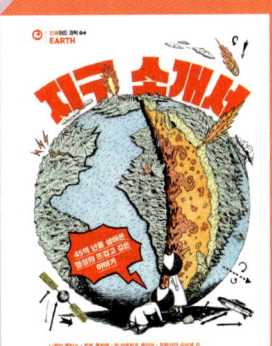

지구 소개서

니콜라 콜티스 외 3명 글
도나티엔 마리 그림 | 풀빛
14,500원

45억 살의 행성, 지구! 여러분은 인류의 고향인 지구에 대해 얼마나 알고 있나요? 지구는 어떻게 태어났는지, 지구에는 어떤 생물들이 살아가고 있는지, 지구의 바깥과 내부에서는 어떤 일들이 일어나는지 궁금하다면 '지구 소개서'를 읽어 보세요! 언제나 평화로운 것 같으면서도 미스터리하고 흥미진진한 지구를 자세히 알게 될 거예요.

영상

유튜브 캡처

구구단을 외자! 수학 천재 앵무새 퀘돌이

분홍색 부리에 연두색 보드라운 깃털을 가진 앵무새, 퀘돌이! 깜찍한 겉모습도 시선을 사로잡지만, 그보다 더 놀랍고 신비한 매력을 가지고 있다고 해요. 바로 구구단을 척척 외우는 것! 누군가 한 자리 수의 곱셈식을 외치면 정답인 수만큼 보호자의 손가락을 오르내려요. 구구단뿐만 아니라 여러 수의 덧셈, 곱셈과 덧셈의 혼합 계산도 뚝딱 해낸답니다. 퀘돌이의 멋진 계산 과정을 영상으로 확인해 보세요!

※과몰입러: 뭔가에 깊이 빠진 사람을 재밌게 부르는 유행어.

- 책의 수를 줄여라! -

글·그림 최수경 콘텐츠 최송이 기자(song1114@donga.com)

 최수경 작가 애니메이션과 웹툰을 그리고 있습니다. 개성 있고 사랑스러운 그림으로 사람들을 행복하게 해주고 싶어요. :)

빼도 빼도 또 더해지는 〈어수동〉의 마법?! 5호에서 계속

한 달에 두 번, 어린이수학동아가 찾아갑니다!

<어린이수학동아>를 정기구독으로 만나보세요. 한 달에 두 번 최신 호를 가장 빠르게 받아볼 수 있습니다. 1년을 구독하면 초등 수학의 5개 영역을 담은 <어린이수학동아> 24권을 모두 받을 수 있어요. 또, 정기구독 독자에게만 드리는 혜택도 누릴 수 있어요!

★정기구독으로 초등 수학 완전 정복!

23년 주제호 구성안	1월	2월	3월	4월	5월	6월
	여러 가지 수	덧셈과 뺄셈	도형	도형	도형	곱셈과 나눗셈
	여러 가지 수	덧셈과 뺄셈	도형	도형	곱셈과 나눗셈	곱셈과 나눗셈
	7월	8월	9월	10월	11월	12월
	분수와 소수	분수와 소수	측정	측정	자료와 가능성	규칙 찾기
	분수와 소수	분수와 소수	측정	자료와 가능성	자료와 가능성	규칙 찾기

※정기구독 신청일 기준으로 해당 월호가 배송되며 1년 중 주제호 24권을 모두 받을 수 있습니다.

어린이수학동아 정기구독 혜택 100% 누리기!

기자단 활동
★전국 과학관 및 박물관 상시 무료 입장
★내가 쓴 기사를 현직 기자가 첨삭!
★기사와 체험 활동은 포트폴리오로 관리

팝콘플래닛

연장회차별 DS캐시 지급
★현금처럼 사용가능한 DS캐시 제공
★5,000캐시부터 최대 15,000캐시까지 즉시 할인

DS 스토어

디라이브러리 무료
★동아사이언스 모든 매거진(어린이수학동아, 어린이과학동아, 수학동아, 과학동아) 무료 이용
★연 480,000원 상당 혜택

디라이브러리

시민과학 프로젝트 참여 기회 제공
★이화여대 장이권 교수와 함께하는 **지구사랑탐사대 우선 선발**
★AAAS 국제과학언론상 수상! **우리동네 동물원 수비대 우선 선발**
★줍깅! 분리배출! 플라스틱 일기까지! **플라스틱 다이어트 프로젝트 참여**

어수동을 오디오로 들어요!
★각 기사의 첫 페이지에 있는 QR코드를 스마트폰으로 찍고 오디오를 들어요.
★매월 20개 이상의 어수동, 어과동 오디오 콘텐츠를 만나 보세요.

오디오쏙

어수동×어과동 기자단 가입하고
78개 전국 과학관·박물관 취재하세요!

<어린이수학동아>를 정기구독해서 보는 친구에게는 정말 좋은 혜택이 있어요! 바로 어린이수학동아×어린이과학동아 기자단 활동! 기자는 원하는 정보를 얻기 위해 해당 분야 전문가를 만나 취재하고 기사를 쓰죠. 친구들도 <어수동> 기자처럼 전국 78개 과학관과 박물관에 무료 입장해 취재하고 기사를 쓸 수 있어요. 기사를 써서 팝콘플래닛 '기사콘'에 올리면 <어수동> 기자가 직접 첨삭해 기사를 출고합니다. 기자단에 가입하고 꼭 기자단 혜택을 누리세요!

기자단에 가입하면 얻는 혜택

혜택 1. 78개 – 전국 주요 과학관 및 박물관 무료 또는 할인 입장
혜택 2. 첨삭 – 현직 기자의 글쓰기 첨삭 지도
혜택 3. 취재 – 다양한 현장 취재 참여
혜택 4. 포트폴리오 – 내가 쓴 기사를 내려받을 수 있는 포트폴리오 제공

앱 설치하고 모바일 기자단증을 받으세요!

정기구독 신청 (02)6749-2002

정기구독 할인 안내 — 최대 135,600원 가격 할인

정기구독료

	구분	정가	할인금액	할인	비고
단품	1년 정기구독료(24권)	264,000	224,400	15%	39,600원 할인
	2년 정기구독료(48권)	528,000	422,400	20%	105,600원 할인

패키지 구독료

	구분	정가	할인금액	할인	비고
패키지 1년 정기 구독료	어린이수학동아 + 어린이과학동아	576,000	460,800	20%	115,200원 할인
	과학동아 + 어린이과학동아	510,000	408,000		102,000원 할인
	수학동아 + 어린이과학동아	480,000	384,000		96,000원 할인
	과학동아 + 수학동아	366,000	292,800		73,200원 할인
	과학동아 + 수학동아 + 어린이과학동아	678,000	542,400		135,600원 할인

※위의 패키지 상품은 어린이수학동아 독자 연령에 맞는 대표 패키지입니다.
　추가로 다양한 패키지 상품을 구매할 수 있습니다(상세 가격은 'DS스토어' 홈페이지 참고).
※패키지 2년은 1년 할인가에 추가로 할인이 제공됩니다.

어린이 수학동아 편집부 ♥ 후기 ♥

😎 최은혜 편집장

달리기 운동을 다시 시작했어요. 뜨는 해만큼이나 지는 해도 찬란하고 아름답더군요. 우리 모두 건강합시다.
#굿바이_연진 #응원할게요
#우리_잊기만_해봐라

😆 최송이 기자

제 옆자리 연진 기자가 떠난다니…. 정말 슬프고 아쉽지만 기쁘게 보내주는 것이 선배의 몫이겠지요. 어디서든 빛날 연진 기자를 언제나 응원할게요! 함께 웃고 이야기하던 시간들 잊지 못할 거예요.♥
#굿바이_연진
#이제_맛집은_누가_데려가주나

😜 김연진 기자

제 사진첩을 열면 <어수동> 팀원들의 모습이 가장 많아요. 일상 속에서도 자꾸 '편집후기 거리'를 찾아내면서 열심히 사진을 찍었거든요. 창간부터 지금까지 함께여서 무척 행복했어요. 따뜻한 <어수동> 잊지 못할 거예요. 감사합니다.

🤠 박건희 기자

김연진 기자는 제가 <어수동>에 와서 처음 본 얼굴이죠. 제게 많은 걸 알려준 선배고요. 창간을 준비하며 함께 울고 웃었던 소중한 동료입니다. 빈자리가 크게 느껴질 거예요. 하지만 우리, 어디선가 다시 기쁘게 만나요!

🤡 조현영 기자

어느 여름날에 찍은 최송이 부편집장과 김연진 기자의 모습이에요. 저를 돌아보며 웃어주는 두 기자의 얼굴이 어찌나 환하던지! 김연진 기자는 새로운 곳에서 여름을 맞겠지만, 함께한 추억은 영원히 <어수동>에 남겠지요!
#이제는_우리가_헤어져야_할_시간
#다음에_또_만나요 #감사합니다

😍 오진희 디자인 파트장

<어수동> 창간후부터 정~말 많이 애써 온 연진 기자와 헤어져야 한다니 너무 아쉽지만 어디에서든 환하게 빛날 걸 알기에 응원하며 인사할게요!
#어느좋은날환하게웃는연진이와

👿 김은지 디자이너

함께한 시간은 3개월뿐이지만, 오랜 시간 함께한 것처럼 너무나 따뜻한 시간들이었어요! 특히 '마라' 얘기만 나오면 반짝반짝해지던 연진 기자의 눈빛은 잊지 못할 거예요. 일명 <어수동> 마라로 불리던 곳에서의 추억을 여기 남겨봅니다.

내가 바로 <어수동> 표지작가!

독자 여러분이 멋지게 완성한 <어수동> 표지를 소개합니다. 놀이북 표지를 내 맘대로 색칠하고 '플레이콘'의 놀이터-어린이수학동아 게시판에 자랑해 주세요!

베스트 표지

독자
한아영(orange84n)

4호 표지

지금 바로 표지 작가에 도전하세요! 베스트 표지에 뽑히면 선물을 드려요!

기자의 한마디

★비버 삼남매의 건축 현장이 알록달록 무지개 빛깔로 예쁘게 바뀌었어요! 다양한 색깔의 벽돌을 차곡차곡 쌓아 올리는 비버의 눈도 무지개색으로 빛나고 있네요.

★가장 중요한 것은 안전! 흰 안전모 위에 적힌 '안전제일' 글씨가 인상적이에요. 우리 모두 만들기를 할 때는 조심, 또 조심하기~!

※ 베스트 표지로 선정된 분은 4everyoung@donga.com으로 이름, 주소, 전화번호를 보내주세요!

어수동 찐팬을 만나다

"수학과 고양이는 나의 다정한 친구!"

글 조현영 기자(4everyoung@donga.com)

<어린이수학동아>의 진짜진짜 '찐팬'을 소개합니다! 찐팬으로 선정된 독자의 교실로 <어수동>을 보내드려요.

캠핑장에서도 열심히 독서를 하는 김지우 독자의 모습이에요.

어수동 <어수동>에 실린 이야기 중 기억에 남는 것이 있나요?

2022년 10월 1일자에서 본 '무려 16384가닥! 캐러멜 꿀타래 만들기' 기사요. 꿀타래 가닥의 비밀을 알려준 게 신기했어요. 꿀타래가 몇 가닥인지, 왜 그렇게 되는지 쉽게 이해할 수 있었지요. 2학년 때는 <어수동>을 만화 위주로 봤지만, 3학년 수학을 배우면서 다른 이야기들도 더 자세히 읽고 있어요. 지금은 각도를 배우는 중인데, 얼마 전 놀이북에 각도를 계산해 돌림판을 만드는 활동이 나와서 공부에도 도움이 됐어요!

어수동 요즘 가장 고민되는 것은 뭐예요?

집 근처에 길고양이 7~8마리가 사는데, 날이 갑자기 추워져서 괜찮을지 걱정돼요. 요즘 제주 기온은 영하 1도나 0도 안팎이거든요. 육지보다는 덜 춥지만, 고양이들이 겨울을 잘 보내면 좋겠어요. 자주 보러 갔더니 이제 누가 누구인지 다 알아볼 수 있어요. 앞으로도 고양이들을 잘 챙겨줄 거예요!

어수동 지우 독자는 스무 살이 되면 어떤 것을 하고 싶나요?

친구들과 예쁜 집에 같이 살면서 이야기를 쓰고 싶어요! 저는 수학, 과학, 영어, 글쓰기를 모두 잘하는 사람이 되고 싶거든요. 그때가 되면 고양이들을 돌보는 활동도 할 거예요. 전에 담임 선생님께서 책을 읽어주시며 "상상하면 무엇이든 할 수 있다"고 하셨어요. 바라는 것을 열심히 상상하다 보면 꼭 이루어질 거예요. <어수동>의 다른 독자들도 함께 상상하면 좋겠어요!

김지우
제주 삼화초등학교 3학년

 # 팝콘플래닛으로 놀러오세요!

팝콘플래닛은 어떤 곳인가요?
팝콘플래닛은 어린이의 상상으로 태어난 가상세계입니다.
총 4개의 콘으로 구성돼 있어요.

 나의 작품을 직접 연재하는
웹툰/소설/그림 작가 되기!

 기사도 쓰고~ 토론도 하고~
어과수 기자단 활동하기!

 어린이수학동아, 어린이과학동아
콘텐츠를 한눈에 쏙!

 지구를 지켜라!
시민과학자 되기!

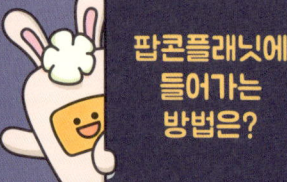
팝콘플래닛에 들어가는 방법은?

웹(PC)으로 접속할 때
포털사이트에서 '팝콘플래닛'을
검색하거나 주소창에
www.popcornplanet.co.kr을
입력하세요.

앱(스마트폰/태블릿PC)으로 접속할 때
구글/앱 스토어에서
'팝콘플래닛'을 검색한
다음 앱을 설치하세요.

놀이북 8쪽을 펼쳐 보세요!

나만의 신호등 만들기

contents

책 모서리에 찍히지 않도록 주의하세요.

'플레이콘'에 놀러오세요! 놀이터-어린이수학동아 게시판에 나의 놀이북 활동을 자랑하면 추첨을 통해 선물을 드려요.

02 사고력 쑥쑥! 수학 놀이

06 이야기로 냠냠! 어수잼
정리하고, 칠하고! 막내 비버의 대청소

08 수학 궁금증 해결! 출동, 슈퍼M
횡단보도 안전하게 건너자!

10 놀러와! 도토리 오락실

12 말랑말랑 두뇌퍼즐

16 어수동네 놀이터

18 도전! M 체스 마스터
하나는 살고, 하나는 잡힌다! 핀과 스큐어

21 도전! M 체스 마스터 카드

23 벽돌을 정리해 주세요!

25 나만의 신호등 만들기

사고력 쑥쑥! 수학놀이

콘텐츠 유대현 서울유현초등학교 교사
(전 서울 중부교육지원청 영재교육원 강사)
디자인 오진희 **일러스트** GIB
#복면산 #덧셈 #벌집퍼즐

숨겨진 수를 찾아라!

식에서 수의 일부나 전부를 수가 아닌 그림이나 문자로 나타낸 것을 '복면산(覆面算)'이라고 합니다. '복면'은 얼굴을 가리는 가면을 말하지요. 가장 유명한 복면산 문제는 영국의 헨리 어니스트 듀드니가 1924년에 낸 문제예요.

```
  S E N D        D=7, E=5        9 5 6 7
+ M O R E   →    Y=2, N=6    → + 1 0 8 5
---------        R=8, O=0        -------
M O N E Y        M=1, S=9        1 0 6 5 2
```

 다음 복면산에서 도형이 나타내는 알맞은 수를 구하세요. 같은 도형은 같은 수를 나타냅니다.

모양이 다른 도형은 다른 수를 의미해요.

+

―――――――――――

1   4

 = ( )  = ( )

 다음 복면산에서 글자가 나타내는 알맞은 수를 구하세요. 같은 글자는 같은 수를 나타냅니다.

```
   ㄱ ㄴ 3
+    7 ㄷ
---------
 ㄹ ㅁ ㄹ 5
```

ㄱ=(   ) ㄴ=(   ) ㄷ=(   ) ㄹ=(   ) ㅁ=(   )

 다음 복면산에서 도형이 나타내는 알맞은 수를 구하세요. 같은 도형은 같은 수를 나타냅니다.

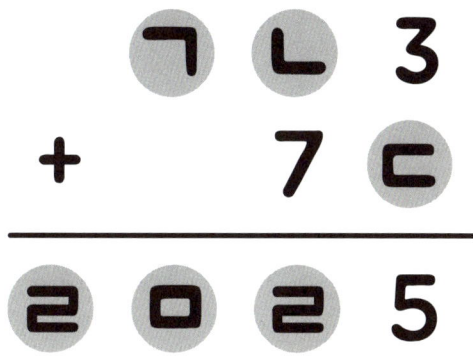

♠ = (   )   ♡ = (   )   ♣ = (   )

숨겨진 길을 찾아라!

💡 벌들이 벌집을 돌아다니는 올바른 길을 찾아보세요. 벌은 빨간색 방에서 출발하고, 이웃한 방으로만 이동할 수 있어요. 한 번 지나간 방은 다시 지나갈 수 없고, 모든 방을 한 번씩 지나야 해요.

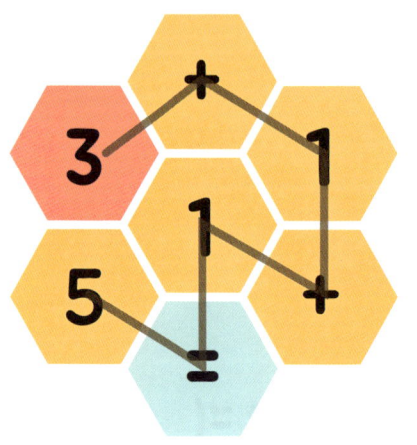

계산식
예시 3+1+1=5

💡 올바른 식이 되도록 벌이 지나가는 길을 찾아보세요.

계산식

💡 올바른 식이 되도록 벌이 지나가는 길을 찾아보세요.

'4'방에서 '5'방으로 이동하면 45가 돼요.

아무것도 쓰여있지 않은 방은 지나가지 않아도 돼요.

계산식

| | - | | = | | + | | - | |

계산식

답을 찾았나요? '플레이콘'에 자랑해 주세요!

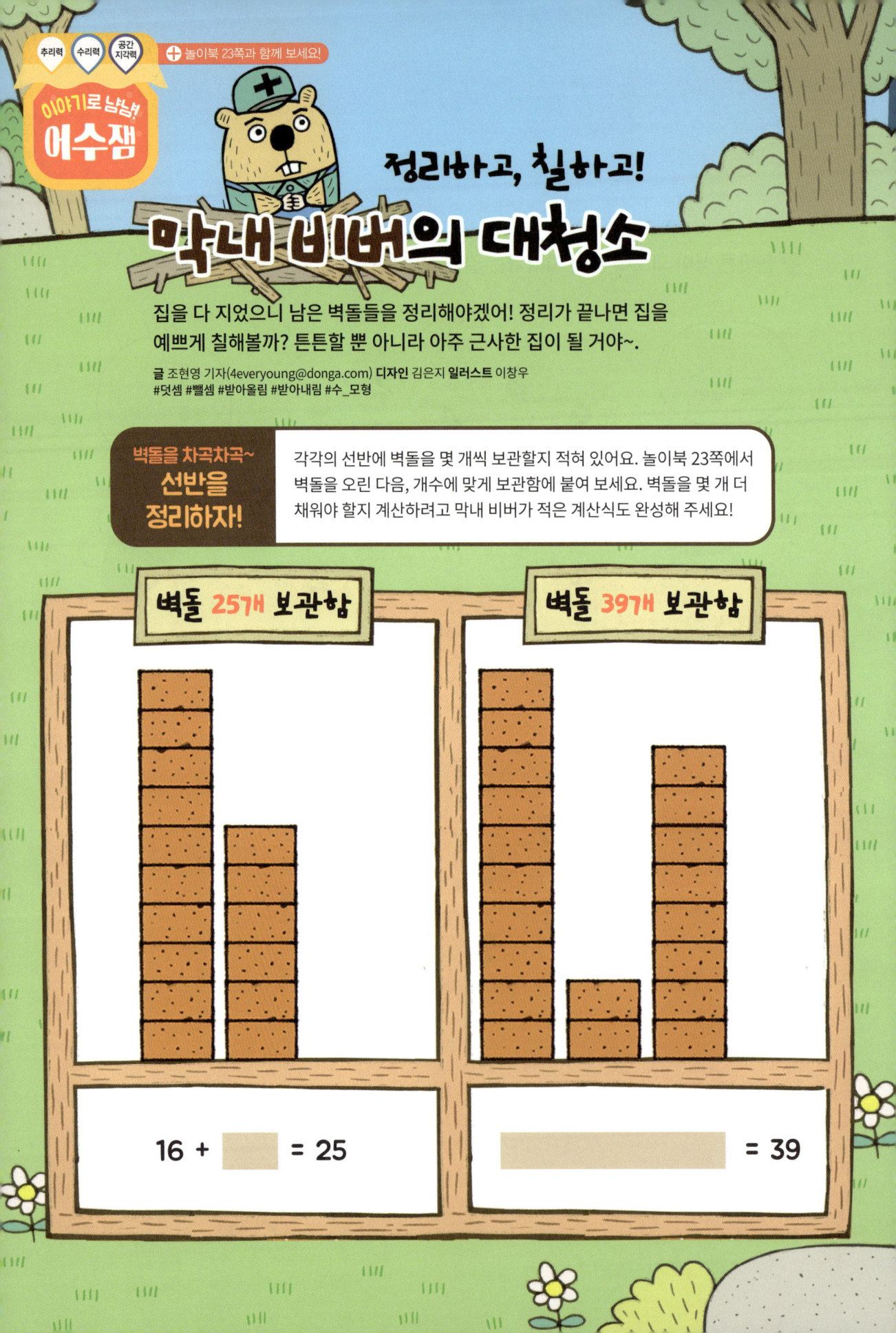

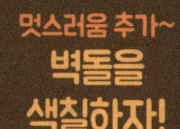

멋스러움 추가~ 벽돌을 색칠하자!

막내 비버의 집 뒤쪽 벽을 멋지게 색칠해 주세요! 단, 규칙에 따라 칠해야 해요. 규칙에 맞는 벽돌을 최대한 많이 찾아서 칠해보세요. 숫자가 없는 벽돌에는 내가 원하는 숫자를 적고 자유롭게 칠할 수 있어요.

규칙

❶ 덧셈한 값이 50이 되는 수들을 찾아 내가 가장 좋아하는 색으로 칠하기
   예시 1+49=50이니까 파란색 으로 1번, 49번 벽돌을 칠해요.

❷ 덧셈한 값이 100이 되는 수들을 찾아 내가 가장 특별하다고 생각하는 색으로 칠하기
   예시 60+30+10=100이니까 금색 으로 60번, 30번, 10번 벽돌을 칠해요.

❸ 뺄셈한 값이 5가 되는 수들을 찾아 내가 마지막으로 먹은 음식의 색으로 칠하기
   예시 12-7=5이니까 보라색 으로 12번, 7번 벽돌을 칠해요.

❹ 뺄셈한 값이 10이 되는 수들을 찾아 내 이불과 같은 색으로 칠하기
   예시 18-8=10이니까 초록색 으로 18번, 8번 벽돌을 칠해요.

1	22	49	80	8	111	2	33	14	54
55	10	94	42	87	66	99	101	88	12
20	37	25	118	50	95	1	5	60	27
0	67	113	32	6	43	90	81	112	3
26	86	10	10	55	5	15	53	30	4
120	78	110	29		44	65	98	3	46
5	117	2		21	15	17	0	23	1
97	38	7	79	200	64	8	39		52
9	96	4	100	11		5		25	102
56	57	103	41	25	45	49	83	0	51
10	12	30	77	16	1	18	63	4	6
84	68	51	58	114	73	87	2	46	89
25	77	3	69	40	28	7	98	61	56
104	48	116			71	17		63	5

놀이북 활동 결과를 '플레이콘'에 올려 주세요. 추첨을 통해 선물을 드려요!

➕ 놀이북 25쪽과 함께 보세요!

출동, 슈퍼M
수학 궁금증 해결!
횡단보도 안전하게 건너자!

사람마다 걸음의 빠르기는 달라요. 걸음의 빠르기와 횡단보도를 건너는 시간을 계산해 보세요. 또 나만의 신호등을 만들고, 색깔에 담긴 규칙도 생각해 보세요.

글 장경아 객원기자 **진행** 최송이 기자(song1114@donga.com)
디자인 김은지 **일러스트** 김태형 **사진** GIB
#슈퍼M #생활수학 #덧셈 #나눗셈 #신호등 #계산

탐구 1

가족, 친구의 걸음 빠르기는?

줄자를 이용해 1m가 되는 거리를 바닥에 표시해요. 초를 잴 수 있는 스톱워치 또는 스마트폰의 스톱워치 기능을 활용해 1m를 걷는 데에 걸리는 시간을 측정해 보세요. 그리고 횡단보도를 건널 때 얼마만큼 시간이 걸릴지 계산해 보세요.

준비물	🎞️ 줄자, ⏱️ 초를 잴 수 있는 스톱워치(스마트폰)

	예시				
이름	김어수				
시간(초)	0.92초				

✳️ 누구의 걸음이 가장 빠른가요? ▭

✳️ 누구의 걸음이 가장 느린가요? ▭

✳️ 내 걸음 빠르기로 15m 길이의 횡단보도를 건너는 데 몇 초가 걸릴지 계산해 보세요. 계산기를 이용해도 좋아요.

▭ (초) × 15(m) = ▭ (초)

탐구 2 — 나만의 신호등을 만들어 보자!

준비물: 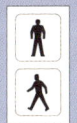  놀이북 25쪽 도안,  15×15cm 검은색 도화지,  투명한 OHP 필름,  빨간색, 초록색 매직이나 네임펜, 가위, 테이프, 연필

1

놀이북 25쪽 도안 위에 OHP 필름을 올리고 매직이나 네임펜으로 사람 모양을 따라 그린 뒤, 빨간색과 초록색으로 배경을 색칠해요.

2

놀이북 25쪽 도안을 반으로 살짝 접어 신호등에서 불 들어오는 부분을 가위로 오려내요.

3

가로, 세로가 15cm인 검은색 도화지를 절반 접어요. 구멍 뚫린 도안을 바깥쪽에 대고 네모난 칸을 연필로 따라 그린 다음 2와 같은 방법으로 칸을 잘라내요. 신호등 틀이 돼요.

4
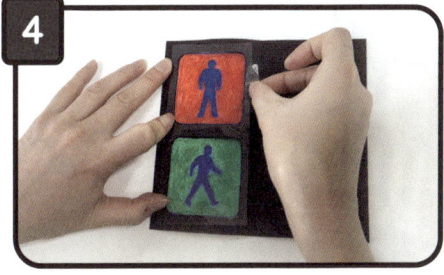
3에서 만든 틀의 안쪽에 1에서 색칠한 OHP 필름을 테이프로 붙여요.

5

틀을 다시 반으로 접어 위와 아래만 테이프로 붙인 뒤, 손잡이 도안을 오려서 신호등 틀 안에 넣어요.

완성!

손잡이를 위, 아래로 움직여 보세요. 지금은 초록불이네요!

케이크 포장은 얼마예요?

여기 도토리 케이크를 포장해 가려는 손님 세 명이 있다. 포장은 여러 가지 종류가 있고, 방법에 따라 가격이 다르다. 음식의 가격과 포장 비용을 합해 각 손님이 내야 할 돈은 얼마일까?

- 성금 산딸기 케이크 1조각 주세요. 전 포장해 간 그릇이 있어요. 집까지 시간이 걸린데서, 녹지 않게 해주세요.
  - **내야 할 돈**

- 도토리 케이크 1조각, 별꿀 쿠키 2개 주세요. 전 포장해 간 그릇을 가지있어요.
  - **내야 할 돈**

- 도토리 케이크 2조각이요. 중이상자 하나에 한꺼번에 담아주세요!
  - **내야 할 돈**

도토리 카페의 더 많은 메뉴가 궁금하다면?

- ★ 그릇을 가져온 손님 500원 할인
- ★ 종이상자 포장 800원
- ★ 종이봉투 포장 500원
- ★ 아이스팩 1500원

생크림이 녹지 않게 중요한 품목! 집까지 30분보다 더 오래 걸리는 손님께 추천!

내 게임 결과를 '쿨레이곤'의 높이다- 어린이수학동아 게시판에 공유해 줘!

이 퀘스트를 친해결하면 **손님 친화력 +6**

도토리 케이크는 1조각에 4500원, 별꿀 쿠키는 1개에 500원이야. 이번 달 특별 메뉴인 성금 산딸기 케이크는 1조각에 6000원! 더 많은 메뉴를 보려면 메뉴판 QR코드를 찍어 봐.

각 손님이 어떤 디저트를 몇 개 주문했는지, 어떤 포장 방법을 선택했는지 확인하고 그 가격을 더하거나 빼면 도리겠니!

말랑말랑 두뇌 퍼즐

두뇌의 다양한 영역을 개발하고 사고력을 키우는 데 퍼즐이 매우 유용해요. 논리력과 수리력, 공간지각력, 관찰력을 키우는 퍼즐을 통해 두뇌를 자극해 보세요!

글 어린이수학동아
이미지 shutterstock
퍼즐 한국창의퍼즐협회
#홀짝스도쿠 #스매쉬드썸즈 #슬리더링크 #단어찾기

논리 퍼즐

홀짝 스도쿠

각 칸에 1부터 4까지 숫자 중 하나를 적어 전체 칸을 채워요. 이때 가로줄과 세로줄, 굵은 선으로 구분한 공간에 같은 숫자가 반복되지 않아야 해요. 동그라미에는 홀수, 네모에는 짝수만 들어갈 수 있어요.

예시

문제

예시 정답

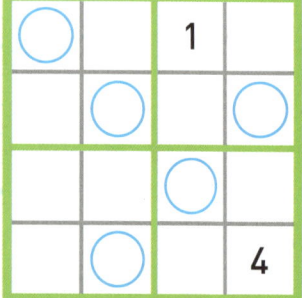

 한국창의퍼즐협회
Korea Creative Puzzle Association

※한국창의퍼즐협회는 세계퍼즐연맹의 한국 운영기관으로, 퍼즐을 놀이이자 교육, 여가활동으로 널리 알리고자 설립한 단체입니다.

흰색 빈칸에 1부터 3까지의 숫자 중 하나를 적거나 검정색으로 칸을 칠해요.
가로줄과 세로줄에는 같은 숫자가 반복되지 않아야 해요.
하늘색 칸의 숫자는 2개의 검정색 칸 사이에 있는 수를 모두 더한 값이에요.
한 줄에 검정색 칸은 2개씩 들어가요.

예시

예시 정답

문제

하늘색 칸에 0이 적힌 줄은 검정색 칸 2개가 붙어 있어!

공간 퍼즐
슬라이더 링크

숫자가 적힌 사각형 둘레에 선을 그어 하나의 고리 모양을 만들어요.
숫자는 사각형 둘레에 선이 그려진 변의 개수예요.

예시

1	3	1	0
1	2	1	0
2	2	2	0
3	1	3	1

예시 정답

1	3	1	0
1	2	1	0
2	2	2	0
3	1	3	1

문제

1	3	1	2	2
0	2	2	3	3
1	1	2	1	1
3	3	2	2	0
2	2	1	3	1

0이 적힌 칸 둘레에는 선을 그릴 수 없어.

단어 찾기

다음 알파벳 중에서 빨간색으로 제시된 단어를 찾으세요.
알파벳은 가로, 세로, 대각선 중 한 줄로 연결돼 있어야 하고, 답은 1개예요.

예시 CROSS

O	C	O	R	R
C	R	S	S	C
C	O	R	C	S
R	S	C	S	O
O	S	R	O	S

예시 정답

O	C	O	R	R
C	R	S	S	C
C	O	R	C	S
R	S	C	S	O
O	S	R	O	S

문제 LIGHT

L	T	G	T	T
G	I	L	I	H
I	G	T	L	G
L	H	H	G	I
G	I	T	H	L

알파벳을 읽는 방향은 상관없어!

어수동네 놀이터

담당 조현영 기자
(4everyoung@donga.com)

'**플레이콘**'에 놀러오세요!
놀이터-어린이수학동아 게시판에 나의 놀이북 활동을 자랑해요. 추첨을 통해 독자 여러분께 선물을 드립니다! 선물을 받을 주인공이 누구인지 플레이콘에서 확인하세요~!

오늘의 챔피언
주영훈
(bluehair00)

나, 아빠, 엄마의 머리카락 생김새 비교!
엄마의 머리카락은 약 116,739개예요.

미션 장면 뒤에 어떤 일이 벌어질지 자유롭게 그려주세요!

그림 미션

보따리장수 등장! 보따리엔 뭐가 들었지?

어디선가 나는 수상한 냄새의 정체는…, 단지의 방귀?!
강연수(gum45)

어려웠지만 엄청 재미있었어요!
이성본(sukcheol22)

파란색 7954번 버스 완성!
박현주(radian1024)

마야 달력 규칙 찾는 게 재미있었어요! 이런 생각을 했다니 신기해요.
소윤하(violetseeya)

논리력 공간지각력 추리력

도전! M 체스 마스터

M 체스 세계에선 전투가 한창이에요. 체스는 암산 능력, 수치 해석 능력, 상황 판단 능력 등 전략적 사고력을 키우는 데 도움이 되지요. M 체스 세계의 전략 문제를 풀고, M 체스 마스터로 거듭나 봐요!

8×8 체스 경기장

◀8 체스판의 세로줄인 '파일'은 왼쪽
◀7 부터 순서대로 a, b, c, d, …h로
◀6 읽고 가로줄인 '랭크'는 맨 아랫줄
◀5 부터 순서대로 1~8의 숫자를 붙
◀4 여요. 기물 위치는 파일의 알파벳
◀3 과 랭크의 숫자 조합으로 표시하
◀2 지요. 체스가 시작될 때 흰색 퀸은
◀1 d1에, 검은색 킹은 e8에 있지요.

a b c d e f g h

처음에는 앞으로 1칸 또는 2칸 이동하고, 그 이후에는 앞으로 1칸씩만 이동함. 공격할 때는 대각선 앞에 놓인 상대편 기물만 공격할 수 있음.

앞뒤나 양옆 중 한 방향으로 한 칸 움직인 다음, 그 방향의 대각선 왼쪽 또는 오른쪽으로 한 칸 더 움직임. 다른 기물을 뛰어넘을 수 있음.

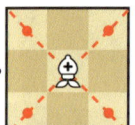
대각선 방향으로 원하는 만큼 움직임.

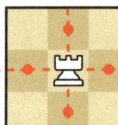
앞뒤와 양옆 직선 방향으로 원하는 만큼 움직임.

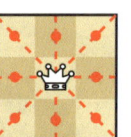
앞뒤, 양옆 직선 방향과 대각선 방향 어디로든 원하는 만큼 움직임.

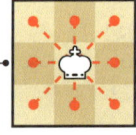
체스판에서 끝까지 지켜야 하는 왕. 앞뒤, 양옆 직선 방향과 대각선 방향으로 한 칸씩만 움직일 수 있음. 킹이 공격받는 상황에서 더이상 피할 수 없게 되면 게임이 끝남.

폰 1점

나이트 3점

비숍 3점

룩 5점

퀸 9점

킹 무한대

체스 기물의 가치 점수

하나는 살고, 하나는 잡힌다!
핀과 스큐어

'핀'은 상대 기물이 꼼짝 못 하게 고정하는 전술이에요. '스큐어'는 공격받은 앞쪽 기물을 움직이게 만들어 뒤쪽 기물을 잡는 전술이지요. 두 기술 모두 공격하는 기물과 공격받는 기물이 하나의 직선 위에 놓여 있을 때 써요.

글 어린이수학동아 **콘텐츠** 권세현 한국 체스 챔피언 **디자인** 김은지 **일러스트** 이민형
#체스 #기물 #핀 #스큐어

권세현
한국 체스 챔피언

전세계적으로 인정받는 체스 선수의 명예 중 하나인 FM(Fide Master) 타이틀을 가지고 있어요. 2018년부터 현재까지 한국 체스 챔피언 자리를 이어오고 있어요.

한 줄에 꿰어 한 번에 공격!

우리 팀 기물과 상대 팀의 기물 2개가 한 줄로 놓여 있을 때 핀 기술을 쓸 수 있어요. 일직선으로 움직이는 비숍이나 룩, 퀸을 활용하지요. 만약 일직선 위에 있는 상대 팀 기물 2개 중 앞쪽에 있는 기물의 가치 점수가 낮다면, 앞에 놓인 기물은 꼼짝할 수 없어요. 앞의 기물이 움직이면 가치 점수가 높은 뒤쪽 기물이 잡히기 때문이에요. 스큐어는 핀과 비슷한 상황에서 앞쪽에 놓인 기물의 가치 점수가 더 높을 때 쓰는 전술이에요. 스큐어 공격을 받은 상대 팀은 가치 점수가 높은 앞의 기물을 움직일 수밖에 없어요. 앞의 기물이 공격을 피하면, 뒤에 있는 기물이 잡혀요.

핀

스큐어

도전! M 체스 마스터 전략 퀴즈

퀴즈 1
흰색 기물의 차례예요. 표시된 룩이 핀 전술을 쓰려면 어느 칸으로 움직여야 할까요?

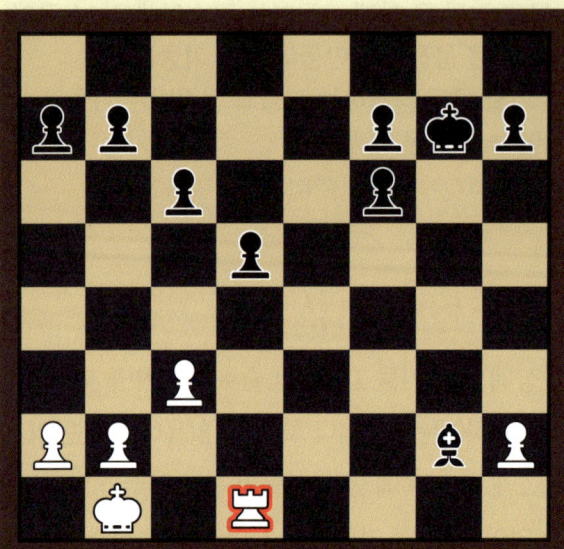

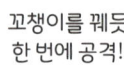
퀴즈 2
흰색 기물의 차례예요. 표시된 비숍이 스큐어 전술을 쓰려면 어느 칸으로 움직여야 할까요?

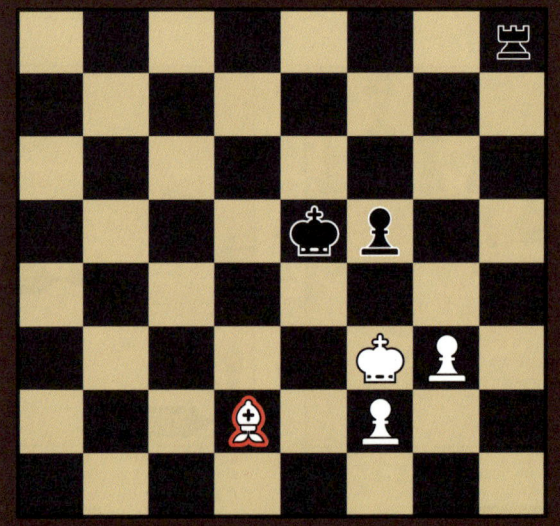

마스터 카드(22쪽)에 퀴즈의 답을 적고 나만의 카드를 완성해 봐!

핀과 스큐어 마스터 카드

M 체스 마스터가 되려면 노력과 인내의 시간을 거쳐야 하지. 핀과 스큐어를 배운 너희에게 M 체스 마스터 카드를 줄게. 앞으로도 체스 전략을 익히고 카드를 열심히 모으면 M 체스 마스터가 될 수 있을 거야. 오른쪽에는 핀 전술 카드와 스큐어 전술 카드를 자유롭게 그리고 특징을 적어줘!

#체스 #행마법 #말 #기물 #핀 #스큐어

도전! M 체스 마스터

김사랑 국가대표가 알려주는 체스 비법

오른쪽 카드엔 항저우 아시안게임 체스 종목 최연소 국가대표인 김사랑 선수가 알려주는 체스 전략이 담겨있어. 왼쪽 카드에는 너희만의 체스 전략을 써 줘. 나만의 M 체스 마스터 카드를 완성해서 '플레이콘'의 놀이터-어린이수학동아 게시판에 올리면 추첨을 통해 선물도 준대!

움직이지 못할 걸? 핀 전술

나만의 체스 전략을 만들어 보세요!

움직이지 못할 걸? 핀 전술

전략 1 흰색 룩이 h5로 이동하면 검은색 퀸과 그 뒤에 있는 킹을 위협하는 핀 전술을 쓸 수 있어요. 검은색 퀸은 킹을 지키기 위해 흰색 룩을 잡지만, 곧바로 흰색 킹에게 잡히지요. 이렇게 핀 전술은 가치가 높은 상대 기물을 잡을 때 유리하게 사용돼요.

스큐어 전술 활용하는 비숍

나만의 체스 전략을 만들어 보세요!

스큐어 전술 활용하는 비숍

전략 2 g3의 흰색 비숍이 f2로 이동하면 검은색 킹을 공격하면서 스큐어 전술을 쓸 수 있어요. 검은색 킹은 반드시 도망쳐야 하기 때문에, 검은색 킹 뒤에 있던 검은색 룩은 흰색 비숍에게 잡힐 수밖에 없어요. 검은색 팀은 킹을 지키는 기물이 없어서 지게 돼요.

MEMO

놀이북 8쪽과 함께 보세요!

출동, 슈퍼 M
수학 궁금증 해결!

나만의 신호등 만들기

*갈색 실선을 따라 가위로 오리세요.

신호등

손잡이

 가위를 사용할 땐 다치지 않게 조심하세요.

동아사이언스

KC 마크는 이 제품이 공통안전기준에 적합함을 의미합니다.
책 모서리에 찍히지 않도록 주의하세요.

www.popcornplanet.co.kr

어린이 수학동아

2023년 3월 1일 초판 1쇄 발행

지은이 어린이수학동아 편집부
펴낸이 장경애
본부장 고선아

편집 최은혜, 최송이, 박건희, 조현영
디자인 오진희, 김은지
마케팅 김수희, 이성우, 유유석, 홍은선, 전창현, 이고은

일러스트 동아사이언스, 강경진, 이창우, 냠냠ok, 밤곰, 허경미, 김태형, 이민형
사진 게티이미지뱅크(GIB), 위키미디어(W)
인쇄 북토리

펴낸곳 동아사이언스
출판등록 제2013-000081호
주소 (04370) 서울특별시 용산구 청파로 109 7층
광고팀 (02)3148-0729
홈페이지 www.dongascience.com
www.popcornplanet.co.kr

이 책에 실린 글의 저작권은 어린이수학동아 및 저자에게 있습니다.
무단전재와 무단복제를 금합니다.

ⓒ 동아사이언스